企业复工复产财税政策指引

《企业复工复产财税政策指引》编写组 编著

中国财经出版传媒集团
中国财政经济出版社

图书在版编目（CIP）数据

企业复工复产财税政策指引／《企业复工复产财税政策指引》编写组编著．--北京：中国财政经济出版社，2020.5

ISBN 978-7-5095-9751-4

Ⅰ.①企… Ⅱ.①企… Ⅲ.①企业管理-财政政策-中国②企业管理-税收政策-中国 Ⅳ.①F812.0 ②F812.422

中国版本图书馆 CIP 数据核字（2020）第 058009 号

责任编辑：胡 博　　责任印制：刘春年
封面设计：陈宇琰　　责任校对：李 丽

中国财政经济出版社 出版

URL：http：//www.cfeph.cn

E-mail：cfeph@cfemg.cn

社址：北京市海淀区阜成路甲 28 号 邮政编码：100142

营销中心电话：010-88191537

北京财经印刷厂印装 各地新华书店经销

880×1230 毫米 32 开 8.625 印张 180 000 字

2020 年 5 月第 1 版 2020 年 5 月北京第 1 次印刷

定价：45.00 元

ISBN 978-7-5095-9751-4

（图书出现印装问题，本社负责调换）

本社质量投诉电话：010-88190744

前　言

面对新冠肺炎疫情防控的严峻形势，习近平总书记作出一系列重要指示，党中央、国务院作出一系列重大决策部署，坚持把人民群众生命安全和身体健康放在第一位，紧紧依靠人民群众坚决打赢疫情防控人民战争、总体战、阻击战，统筹做好疫情防控与经济社会发展工作，秉持人类命运共同体理念，以实际行动为防止疫情在世界范围内扩散蔓延及医疗救治做出更多贡献。

为深入学习贯彻落实习近平总书记一系列重要指示精神，坚决执行党中央、国务院决策部署，中央及地方财税部门出台相关财税政策，支持疫情防控、推进复工复产、优化营商环境，在疫情防控和统筹经济社会发展中发挥积极作用。

为帮助广大读者准确掌握和及时用好各项财税政策，我们对疫情暴发以来出台的支持疫情防控与推进复工复产的财税政策进行了梳理，汇编成本书，内容涉及防护救治、物资供应、复工复产、公益捐赠和经费管理五个方面55项政策。

本书共分上、中、下三篇。上篇介绍习近平总书记重要指示精神和党中央、国务院的重大决策部署，是财税政策制定与实施的基本遵循；中篇详细介绍中央政府的财税政策，从享受主体、优惠内容和政策依据三个方面展开，并提供政策原文供延伸阅读；下篇选择北京、上海、广东、深圳、江苏、浙江六省市，系统介绍这些地方的财税政策要点，并提供政策文件索引，以方便读者查询。

本书收录的政策文件截至2020年3月24日，具体执行时请参照最新发布的法律、法规、规章及规范性文件的规定。更多财税政策请登录财政部、国家税务总局及地方财政厅局的官方网站查阅。

因时间和水平所限，书中难免有疏漏和不足，敬请读者谅解和批评指正。

编写组

2020年3月24日

目　录

—— 上　篇 ——

习近平总书记重要指示精神和党中央、国务院的重要决策部署

一、把人民群众生命安全和身体健康放在第一位

疫情发生后，中共中央总书记、国家主席、中央军委主席习近平作出重要指示，湖北武汉市等地近期陆续发生新型冠状病毒感染的肺炎疫情，必须引起高度重视，全力做好防控工作。目前正值春节期间，人员大范围密集流动，做好疫情防控工作十分紧要。各级党委和政府及有关部门要把人民群众生命安全和身体健康放在第一位，制定周密方案，组织各方力量开展防控，采取切实有效措施，坚决遏制疫情蔓延势头。要全力救治患者，尽快查明病毒感染和传播原因，加强病例监测，规范处置流程。要及时发布疫情信息，深化国际合作。要加强舆论引导，加强有关政策措施宣传解读工作，坚决维护社会大局稳定，确保人民群众度过一个安定祥

和的新春佳节。

——摘编自《习近平对新型冠状病毒感染的肺炎疫情作出重要指示，强调要把人民群众生命安全和身体健康放在第一位，坚决遏制疫情蔓延势头》，新华社北京1月20日电。

二、紧紧依靠人民群众，坚决打赢疫情防控人民战争、总体战、阻击战

生命重于泰山。疫情就是命令，防控就是责任。各级党委和政府必须按照党中央决策部署，全面动员，全面部署，全面加强工作，把人民群众生命安全和身体健康放在第一位，把疫情防控工作作为当前最重要的工作来抓。只要坚定信心、同舟共济、科学防治、精准施策，我们就一定能打赢疫情防控阻击战。

习近平指出，各级党政领导干部特别是主要领导干部要坚守岗位、靠前指挥，在防控疫情斗争中经受考验，深入防控疫情第一线，及时发声指导，及时掌握疫情，及时采取行动，做到守土有责、守土尽责。要加强联防联控工作，加强有关药品和物资供给保障工作，加强医护人员安全防护工作，加强市场供给保障工作，加强舆论引导工作，加强社会力量组织动员，维护社会大局稳定，确保人民群众度过一个安定祥和的新春佳节。

——摘编自《中共中央政治局常务委员会召开会议 研究新型

冠状病毒感染的肺炎疫情防控工作　中共中央总书记习近平主持会议》，新华社北京1月25日电。

三、做好疫情防控重点工作

疫情防控不只是医药卫生问题，而是全方位的工作，是总体战，各项工作都要为打赢疫情防控阻击战提供支持。疫情防控形势不断变化，各项工作也不断面临新情况新问题，要密切跟踪、及时分析、迅速行动，坚定有力、毫不懈怠做好各项工作。

要重点抓好防治力量的区域统筹，坚决把救治资源和防护资源集中到抗击疫情第一线，优先满足一线医护人员和救治病人需要。湖北省特别是武汉市仍然是全国疫情防控的重中之重，其他地方的患者也大多有湖北接触史。稳住了湖北疫情，就稳定了全国大局。

提高收治率和治愈率，降低感染率和病死率。这是当前防控工作的突出任务。集中收治医院要尽快建成投入使用，继续根据需要从全国调派医务人员驰援武汉、驰援湖北，同时保护好医务人员身心健康。要统筹做好人员调配，尽量把精兵强将集中起来、把重症病人集中起来，统一进行救治，努力降低病死率。发病率高的地区，有条件的可以采取“小汤山”模式加强救治工作力度。要及时推广各医院救治重症病人的有效做法。

战胜疫病离不开科技支撑。要科学论证病毒来源，尽快查明传染源和传播途径，密切跟踪病毒变异情况，及时研究防控策略和措施。我在2016年就提出，关键核心技术攻关可以搞揭榜挂帅，英雄不论出处，谁有本事谁就揭榜。对抗击疫情所需要的疫苗、药品等研发，要调动高校、科研院所、企业等各方面的积极性，注重科研攻关和临床、防控实践相结合，在保证科学性基础上加快进度。对相关数据和病例资料等，除有法律规定需要保密的外，在做好国家安全工作的条件下，要向我国科技界开放共享，组织临床医学、流行病学、病毒学等方面的专家，研究病毒传播力、毒性等关键特性，尽快拿出切实管用的研究成果。要鼓励专家学者增强担当精神、职业责任，在科学研究的前提下多拿出专业意见和建议。

——摘编自《习近平在中央政治局常委会会议研究应对新型冠状病毒肺炎疫情工作时的讲话》，新华社北京2020年2月3日电。

当前，湖北和武汉疫情形势仍然十分严峻，要采取更大的力度、更果断的措施，坚决把疫情扩散蔓延势头遏制住。一是要坚决做到应收尽收。控制源头、切断传播途径，是传染病防控的治本之策。要采取更加有力的措施，尽快增加医疗机构床位，用好方舱医院，通过征用宾馆、培训中心等增加隔离床位，尽最大努力收治病患者。二是要全力做好救治工作。要按照集中患者、集中专家、集中资源、集中救治的原则，不断优化诊疗方案，坚持中西医结合，加大科研攻关力度，加快筛选研发具有较好临床疗效的药物。三是要全面加强社会面管控。要加强社会治理，妥善处理疫情防控中可能出现的各类问题，各项工作要周密细致，把生活保障、医疗救治、心理干预等工作做到位，维护社会大局稳定。

——摘编自《习近平在北京市调研指导新型冠状病毒肺炎疫情防控工作时强调　以更坚定的信心更顽强的意志更果断的措施　坚决打赢疫情防控的人民战争总体战阻击战》，新华社北京2月10日电。

要针对不同区域情况，完善差异化防控策略。要坚决打好湖北保卫战、武汉保卫战，坚决遏制疫情扩散蔓延势头，继续加大救治力度，根据需要继续加大医务人员和医用物资支持力度，加强力量薄弱地区防控。要全力做好北京疫情防控工作。要落实非疫情防控重点地区分区分级精准防控策略。要关心关爱一线医务人员，科学调配医疗力量和重要物资，加强防护物资、生活物资保障和防护措施落实。要继续抓好医用物资和生活必需品生产供应，优先保障重点地区需要。

——摘编自《中共中央政治局召开会议　研究新冠肺炎疫情防控工作　部署统筹做好疫情防控和经济社会发展工作　中共中央总书记习近平主持会议》，新华社北京2月21日电。

要加强力量薄弱地区防控，统筹做好各市州防疫工作，积极协调对口支援省份，重点加大对确诊病例较多市州和医疗力量薄弱市州的支持力度。要加强对县乡防疫工作的指导，增援县域定点医院，防止出现“带病下乡”和“带病回城”的风险。要依法依规做好疫情防控，坚持运用法治思维和法治方式开展工作。

要关心关爱一线医务人员，落实防护物资、生活物资保障和防护措施，统筹安排轮休，加强心理疏导，落实工资待遇、临时性工作补助、卫生防疫津贴待遇，完善激励机制，帮助他们解除后顾之忧，使他们始终保持昂扬斗志、旺盛精力，持续健康投入抗疫斗争。要切实加强防止医院感染工作，做好医务人员科学防护和培训，对已被感染的医务人员全部免费治疗，尽最大努力减少牺牲。对参加一线战斗的医务人员，要尽快出台关心关爱的政策举措，及时安排免费体检，将来要增加带薪休假时间，并将抗疫表现列入职称评定指标之中。当前，湖北和武汉一些重要医疗救治设备和物资还处于紧平衡状态，要扩大国内生产，尽快满足相关医疗需求。要密切监测市场供需动态，积极组织蔬菜和畜禽等生产，增加肉蛋奶等供给，畅通运输通道和物流配送，着重解决好生活必需品供应的“最后一公里”问题。

要综合多学科力量开展科研攻关，加强传染源、传播致病机理等理论研究，为复工复产复课等制定更有针对性和操作性的防控指南。要加大药品和疫苗研发力度，同临床、防控实践相结合，注重调动科研院所、高校、企业等的积极性，在确保安全性和有效性的基础上推广有效的临床应用经验，力争早日取得突破。要加强病例分析研究，及时总结推广有效诊疗方案。要充分运用大数据分析等方法支撑疫情防控工作。

——摘编自《习近平在统筹推进新冠肺炎疫情防控和经济

社会发展工作部署会议上的讲话》，2020 年 2 月 23 日。

生命安全和生物安全领域的重大科技成果也是国之重器，疫病防控和公共卫生应急体系是国家战略体系的重要组成部分。要完善关键核心技术攻关的新型举国体制，加快推进人口健康、生物安全等领域科研力量布局，整合生命科学、生物技术、医药卫生、医疗设备等领域的国家重点科研体系，布局一批国家临床医学研究中心，加大卫生健康领域科技投入，加强生命科学领域的基础研究和医疗健康关键核心技术突破，加快提高疫病防控和公共卫生领域战略科技力量和战略储备能力。要加快补齐我国高端医疗装备短板，加快关键核心技术攻关，突破这些技术装备瓶颈，实现高端医疗装备自主可控。

——摘编自《习近平总书记在同有关部门负责同志和专家学者就疫情防控科研攻关工作座谈时的讲话》，2020 年 3 月 2 日。

四、统筹推进疫情防控和经济社会发展各项任务

统筹推进经济社会发展各项任务，在全力以赴抓好疫情防控同时，统筹做好“六稳”工作。要坚定信心，看到我国经济长期向好的基本面没有变，疫情的冲击只是短期的，不要被问题和困难吓倒。要加强经济运行调度，尽可能降低疫

情对经济的影响，努力完成今年经济社会发展各项目标任务。要抓好在建项目复工和新项目开工。要稳定居民消费，发展网络消费，扩大健康类消费。要积极推动企事业单位复工复产，对受疫情影响较大企业，要在金融、用工等方面加大支持力度，帮助渡过难关。越是发生疫情，越要注意做好保障和改善民生工作，特别是要高度关注就业问题，防止出现大规模裁员。

——摘编自《习近平在北京市调研指导新型冠状病毒肺炎疫情防控工作时强调 以更坚定的信心更顽强的意志更果断的措施 坚决打赢疫情防控的人民战争总体战阻击战》，新华社北京2月10日电。

建立与疫情防控相适应的经济社会运行秩序，有序推动复工复产，使人流、物流、资金流有序转动起来，畅通经济社会循环。要制定明确的疫情分区分级标准。复工复产，交通运输是“先行官”，必须打通“大动脉”，畅通“微循环”。各级党委和政府要主动服务，有序组织务工人员跨区返岗，努力保障已复工和准备复工企业日常防护物资需求。

坚定不移打好三大攻坚战。确保脱贫攻坚任务如期全面完成，优先做好贫困地区农民工返岗就业工作，做好因疫情致贫、返贫农户的帮扶工作。打好污染防治攻坚战，推动生态环境质量持续好转，加快补齐医疗废物、危险废物收集处理设施方面短板。打好防范化解重大风险攻坚战，坚决守住不发生系统性金融风险的底线。

积极的财政政策要更加积极有为，发挥好政策性金融作用。稳健的货币政策要更加灵活适度，缓解融资难融资贵，为疫情防控、复工复产和实体经济发展提供精准金融服务。要加大对重点行业和中小企业帮扶力度，救助政策要精准落地，政策要跑在受困企业前面。要帮扶住宿餐饮、文体娱乐、交通运输、旅游等受疫情影响严重的行业。要做好农产品稳产保供工作，抓好春耕备耕和农业防灾减灾。

积极扩大有效需求，促进消费回补和潜力释放，发挥好有效投资关键作用，加大新投资项目开工力度，加快在建项目建设进度。加大试剂、药品、疫苗研发支持力度，推动生物医药、医疗设备、5G 网络、工业互联网等加快发展。

深化对外开放和国际合作。加强同经贸伙伴的沟通协调，优先保障在全球供应链中有重要影响的龙头企业和关键环节恢复生产供应，维护全球供应链稳定。要支持出口重点企业尽快复工复产，发挥好出口信用保险作用。

加大民生托底保障力度。实施好就业优先政策，鼓励灵活就业，做好重点群体就业工作。要强化城镇困难群众基本生活保障，做好基本民生商品保供稳价工作。做好疫情导致的无供养困难人群保障。及时抚恤疫情防控中因公殉职的医务人员、干部职工、社区工作者等，妥善照顾他们的家属。

习近平作出指示强调，务必高度重视对医务人员的保护关心爱护，确保医务人员持续健康投入战胜疫情斗争。

——摘编自《中共中央政治局召开会议　研究新冠肺炎疫情防控工作　部署统筹做好疫情防控和经济社会发展工作　中共中央总书记习近平主持会议》，新华社北京 2 月 21 日电。

宏观政策重在逆周期调节，节奏和力度要能够对冲疫情影响，防止经济运行滑出合理区间，防止短期冲击演变成趋势性变化。积极的财政政策要更加积极有为，已经出台的财政贴息、大规模降费、缓缴税款等政策要尽快落实到企业。要继续研究出台阶段性、有针对性的减税降费政策，加大对一些行业复工复产的支持力度，帮助中小微企业渡过难关。要集中使用部分中央部门存量资金，统筹用于疫情防控、保障重点支出。一些地方财政受疫情影响较大，要加大转移支付力度，确保基层保工资、保运转、保基本民生。要扩大地方政府专项债券发行规模，优化预算内投资结构。稳健的货币政策要更加注重灵活适度，把支持实体经济恢复发展放到更加突出的位置，用好已有金融支持政策，适时出台新的政策措施。要针对企业复工复产面临的债务偿还、资金周转和扩大融资等迫切问题，创新完善金融支持方式，为防疫重点地区单列信贷规模，为受疫情影响较大的行业、民营和小微企业提供专项信贷额度。要调整完善企业还款付息安排，加大贷款展期、续贷力度，适当减免小微企业贷款利息，防止企业资金链断裂。

——摘编自《习近平在统筹推进新冠肺炎疫情防控和经济社会发展工作部署会议上的讲话》，2020 年 2 月 23 日新华社北京电。

五、疫情防控国际合作及对外经贸合作

从构建人类命运共同体高度，积极开展疫情防控国际

合作。

——摘编自《中共中央政治局召开会议　研究新冠肺炎疫情防控工作　部署统筹做好疫情防控和经济社会发展工作　中共中央总书记习近平主持会议》，新华社北京2月21日电。

继续同世卫组织保持良好沟通，同有关国家分享防疫经验，加强抗病毒药物及疫苗研发国际合作，向其他出现疫情扩散的国家和地区提供力所能及的援助，体现负责任大国担当。

稳住外贸外资基本盘。要保障外贸产业链、供应链畅通运转，稳定国际市场份额。要用足用好出口退税、出口信用保险等合规的外贸政策工具，扩大出口信贷投放，适度放宽承保和理赔条件。要简化通关手续，降低港口、检验检疫等环节收费，推出更多外汇便利化业务。要鼓励各地促增量、稳存量并举，抓好重大外资项目落地。要扩大金融等服务业对外开放。要继续优化营商环境，做好招商、安商、稳商工作，增强外商长期投资经营的信心。

——摘编自《习近平在统筹推进新冠肺炎疫情防控和经济社会发展工作部署会议上的讲话》，2020年2月23日新华社北京电。

当前，疫情正在全球多点暴发。各国应该同舟共济、携手抗疫。中方始终秉持人类命运共同体理念，本着公开、透明、负责任态度，及时发布疫情信息，分享防控、诊疗经验。中方愿为防止疫情在世界范围内扩散蔓延做出更多贡献。

——摘编自《国家主席习近平17日在人民大会堂同巴基斯坦总统阿尔维会谈》，新华社北京3月17日电。

在充分肯定我国疫情防控工作成绩的同时，要清醒看到国内外疫情形势的复杂性和严峻性，特别是国际疫情快速蔓延带来的输入性风险增加。要毫不放松抓紧抓实抓细各项防控工作，决不能让来之不易的疫情防控持续向好形势发生逆转。要加强疫情防控国际合作，同世界卫生组织紧密合作，加强全球疫情变化分析预测，完善应对输入性风险的防控策略和政策举措，加强同有关国家在疫情防控上的交流合作，继续提供力所能及的帮助。要加强对境外我国公民疫情防控的指导和支持，做好各项工作，保护他们的生命安全和身体健康。

加强对国际经济形势的研判分析，及时制定有针对性的政策举措。要兼顾疫情防控和对外经贸合作，在落实防疫措施前提下为商务人员往来提供便利，保持国际供应链畅通，创新招商引资、展会服务模式，保障各类经贸活动正常开展。

——摘编自《中共中央政治局常务委员会召开会议　分析国内外新冠肺炎疫情防控和经济形势　研究部署统筹抓好疫情防控和经济社会发展重点工作　中共中央总书记习近平主持会议》，新华社北京3月18日电。

延伸阅读索引

[1] 1月20日：《习近平对新型冠状病毒感染的肺炎疫情作出重要指示》，新华社北京电。

[2] 1月25日：《中共中央政治局常务委员会召开会议　研究新型冠状病毒感染的肺炎疫情防控工作　中共中央总书记习近平主持会议》，新华社北京电。

[3] 1月27日：《习近平作出重要指示要求各级党组织和广大党员干部　团结带领广大人民群众坚决贯彻落实党中央决策部署　紧紧依靠人民群众坚决打赢疫情防控阻击战》，新华社北京电。

[4] 1月28日：《习近平会见世界卫生组织总干事谭德塞》，新华社北京电。

[5] 1月29日：《习近平对军队做好疫情防控工作作出重要指示》，新华社北京电。

[6] 2月3日：《习近平总书记在中央政治局常委会会议研究应对新型冠状病毒肺炎疫情工作时的讲话》，新华社北京电。

[7] 2月5日：《习近平总书记在中央全面依法治国委员会第三次会议上的讲话》，新华社北京电。

[8] 2月10日：《习近平在北京市调研指导新型冠状病毒肺炎疫情防控工作时强调　以更坚定的信心更顽强的意志更果断的措施　坚决打赢疫情防控的人民战争总体战阻击战》，新

华社北京电。

[9] 2月12日：《中共中央政治局常务委员会召开会议 分析新冠肺炎疫情形势研究加强防控工作 中共中央总书记习近平主持会议》，新华社北京电。

[10] 2月13日：《经中央军委主席习近平批准 军队增派2600名医护人员支援武汉抗击新冠肺炎疫情》，新华社北京电。

[11] 2月14日：《习近平总书记在中央全面深化改革委员会第十二次会议上的讲话》，新华社北京电。

[12] 2月19日：《中共中央政治局召开会议 研究新冠肺炎疫情防控工作 部署统筹做好疫情防控和经济社会发展工作 中共中央总书记习近平主持会议》，新华社北京电。

[13] 2月23日：《习近平在统筹推进新冠肺炎疫情防控和经济社会发展工作部署会议上的讲话》，新华社北京电。

[14] 2月25日：《习近平对全国春季农业生产工作作出重要指示》，新华社北京电。

[15] 2月26日：《中共中央政治局常务委员会召开会议 分析新冠肺炎疫情形势研究近期防控重点工作 中共中央总书记习近平主持会议》，新华社北京电。

[16] 3月2日：《习近平在北京考察新冠肺炎防控科研攻关工作时强调 协同推进新冠肺炎防控科研攻关 为打赢疫情防控阻击战提供科技支撑》，新华社北京电。

[17] 3月4日：《中共中央政治局常务委员会召开会议 中共中央总书记习近平主持会议》，新华社北京电。

[18] 3月6日：《习近平在决战决胜脱贫攻坚座谈会上的讲话》，新华社北京电。

[19] 3月10日：《慎终如始 再接再厉 英勇奋斗——习

近平总书记赴湖北武汉考察新冠肺炎疫情防控工作时的重要讲话坚定信心催人奋进》，新华社北京电。

［20］3 月 17 日：《习近平同巴基斯坦总统阿尔维会谈》，新华社北京电。

［21］3 月 18 日：《中共中央政治局常务委员会召开会议　分析国内外新冠肺炎疫情防控和经济形势　研究部署统筹抓好疫情防控和经济社会发展重点工作　中共中央总书记习近平主持会议》，新华社北京电。

—— 中　篇 ——
中央政府的财税政策

一、关于防护救治

1. 参加疫情防治取得的临时性工作补助和奖金，免征个人所得税

享受主体

参加疫情防治工作的医务人员和防疫工作者

优惠内容

自 2020 年 1 月 1 日起，对参加疫情防治工作的医务人员和防疫工作者按照政府规定标准取得的临时性工作补助和奖金，免征个人所得税。政府规定标准包括各级政府规定的补助和奖金标准。

对省级及省级以上人民政府规定的对参与疫情防控人员的临时性工作补助和奖金，比照执行。

上述优惠政策的截止日期视疫情情况另行公告。

政策依据

《关于支持新型冠状病毒感染的肺炎疫情防控有关个人所

得税政策的公告》（财政部　税务总局公告2020年第10号）

延伸阅读

1-1 关于支持新型冠状病毒感染的肺炎疫情防控有关个人所得税政策的公告

财政部　税务总局公告2020年第10号

为支持新型冠状病毒感染的肺炎疫情防控工作，现就有关个人所得税政策公告如下：

一、对参加疫情防治工作的医务人员和防疫工作者按照政府规定标准取得的临时性工作补助和奖金，免征个人所得税。政府规定标准包括各级政府规定的补助和奖金标准。

对省级及省级以上人民政府规定的对参与疫情防控人员的临时性工作补助和奖金，比照执行。

二、单位发给个人用于预防新型冠状病毒感染的肺炎的药品、医疗用品和防护用品等实物（不包括现金），不计入工资、薪金收入，免征个人所得税。

三、本公告自2020年1月1日起施行，截止日期视疫情情况另行公告。

财政部　税务总局

2020年2月6日

发布日期：2020年2月7日

2. 个人取得单位发放的预防新型冠状病毒肺炎的医疗用品等，免征个人所得税

享受主体

取得单位发放的用于预防新型冠状病毒肺炎医疗用品的

个人

优惠内容

自2020年1月1日起，单位发给个人用于预防新型冠状病毒感染的肺炎的药品、医疗用品和防护用品等实物（不包括现金），不计入工资、薪金收入，免征个人所得税。

上述优惠政策的截止日期视疫情情况另行公告。

政策依据

《关于支持新型冠状病毒感染的肺炎疫情防控有关个人所得税政策的公告》（财政部　税务总局公告2020年第10号）（见延伸阅读1－1）

二、关于物资供应

（一）多举措加大疫情防控物资供应

1. 国家机关、事业单位和团体组织采购进口疫情防控相关物资无需审批

享受主体

使用财政性资金采购疫情防控相关货物、工程和服务的各级国家机关、事业单位和团体组织

优惠内容

各级国家机关、事业单位和团体组织（以下简称采购单位）使用财政性资金采购疫情防控相关货物、工程和服务的，应以满足疫情防控工作需要为首要目标，建立采购“绿色通道”，可不执行政府采购法规定的方式和程序，采购进口物资无需审批。

政策依据

①《关于疫情防控采购便利化的通知》（财办库〔2020〕23号）

②《关于进一步做好新型冠状病毒感染肺炎疫情防控经费保障工作的通知》（财办〔2020〕7号）

延伸阅读

2-1 关于疫情防控采购便利化的通知

财办库〔2020〕23号

各中央预算单位办公厅（室），各省、自治区、直辖市、计划单列市财政厅（局），新疆生产建设兵团财政局：

为贯彻落实习近平总书记对新型冠状病毒感染肺炎疫情防控工作作出的重要指示批示精神，按照党中央、国务院决策部署，支持打赢疫情防控攻坚战，现就新型冠状病毒感染肺炎疫情防控采购相关事项通知如下：

一、各级国家机关、事业单位和团体组织（以下简称采购单位）使用财政性资金采购疫情防控相关货物、工程和服务的，应以满足疫情防控工作需要为首要目标，建立采购“绿色通道”，可不执行政府采购法规定的方式和程序，采购进口物资无需审批。

二、各采购单位应当建立健全紧急采购内控机制，在确保采购时效的同时，提高采购资金的使用效益，保证采购质量。

三、各采购单位应当加强疫情防控采购项目采购文件和凭据的管理，留存备查。

四、任何单位和个人发现采购单位及采购人员存在徇私舞弊等违法违纪行为的，应当及时向同级财政部门或有关部门举报。

特此通知。

财政部办公厅

2020年1月26日

发布日期：2020年1月26日

2-2 关于进一步做好新型冠状病毒感染肺炎疫情防控经费保障工作的通知

财办〔2020〕7号

各省、自治区、直辖市、计划单列市财政厅（局），新疆生产建设兵团财政局：

近期，湖北省武汉市等地发生新型冠状病毒感染肺炎疫情，防控形势十分严峻。各级财政部门认真贯彻落实习近平总书记的重要指示精神，按照党中央、国务院的统一部署，及时响应、果断应对，疫情防控经费保障工作总体有序有力。但也要看到，这次疫情防控时间紧、任务重，又逢春节假期，防控形势依然复杂严峻。各级财政部门要切实把思想和行动统一到习近平总书记重要指示精神上来，统一到党中央、国务院决策部署上来，立足财政部门职责，加强统筹谋划，采取更加有力的举措，全力支持疫情防控工作，坚决打赢疫情防控阻击战。现就进一步做好疫情防控经费保障工作通知如下：

一、明确经费保障目标

各级财政部门要按照习近平总书记重要指示精神，坚决贯彻党中央、国务院的决策部署，按照财政部《关于认真学习贯彻习近平总书记重要指示精神　在打赢疫情防控阻击战中积极有效发挥财政职能作用的通知》（财办〔2020〕5号）的要求，进一步增强支持做好疫情防控工作的政治责任感、使命感和紧迫感，切实加强组织领导，努力做到工作部署更细致、政策考虑更周全、资金安排更科学，全力做好疫情防控经费保障工作。确保人民群众不因担心费用问题而不敢就诊，确保各地不因资金问题而影响医疗救治和疫情防控。

二、统筹安排经费预算

近期，按照党中央、国务院统一部署，财政部会同有关部门已经明确了患者救治费用补助、参加防治工作的医务工作者临时性工作补助以及防护、诊断和治疗专用设备、快速诊断试剂采购经费补助等政策，并预拨了部分资金。地方各级财政部门要用好中央财政转移支付资金，同时千方百计筹措资金，切实履行好经费保障职能。年初卫生防疫经费预算安排不足的，要及时调整增加预算安排。要统筹一般公共预算、政府性基金预算等财政资金以及社会捐赠资金，进一步优化财政支出结构，大力盘活财政存量资金，加大医疗卫生投入力度，优先保障疫情防控经费需求。充分保障相关部门疫情防控工作经费，加大对疫情严重、防控资金缺口较大地区的转移支付力度。各地不得将上级财政安排的疫情防控相关转移支付资金用于平衡预算。对应由地方财政负担的支出，地方各级财政部门要足额安排资金；对应由中央财政负担的支出，要求地方先行垫付的，地方各级财政部门要积极筹措资金，足额安排垫付资金，并做好建立台账、票据审核等资金结算基础工作。同时，对基层财政“三保”经费的保障力度也要切实加强。

三、加快调度拨付资金

地方各级财政部门要加强库款形势分析研判，有序规范组织资金调度，必要时可采取预拨、垫付等措施，优先保障疫情防控资金拨付。按照“急事急办、特事特办”的原则，协调人民银行、代理国库集中支付业务的商业银行、经办财政专户业务的商业银行等，开通资金支付绿色通道，及时足额支付预算安排的疫情防控资金。省级财政部门要密切关注各市县库款情况，督导疫情防控任务重、库款保障水平偏低的市县科学调度资金，并适时予以专项调度支持，切实保障基层疫情防控支出需要。

四、细化相关政策措施

地方各级财政部门要积极主动与相关业务主管部门协商，研究细化疫情防控经费保障政策措施。要配合人力资源社会保障、卫生健康等部门细化疫情防控医疗卫生工作人员待遇保障政策，按规定抓紧落实；配合医疗保障部门细化确诊和疑似参保患者、异地就医参保患者医疗费用个人负担部分财政补助政策，科学合理确定补助标准，明确医保支付、财政补助及个人负担费用的具体结算流程；配合卫生健康、医疗保障等部门明确未参保患者医疗费用补助政策；配合生态环境、卫生健康等部门做好医疗废物应急处置工作。在当地党委政府的统一领导下，地方各级财政部门可结合本地实际，及时研究出台其他相关保障政策，全面做好疫情经费保障工作。

五、支持做好物资保障

地方各级财政部门要积极配合有关部门做好疫情防控物资保障和采购工作。一是积极配合相关部门做好医药物资采购储备调拨和资金保障工作。二是根据肺炎疫情科研攻关需要，加大资金支持，全力配合相关部门及时拨付资金，切实保障研制快速简易确诊试剂、疫苗、有效药物等科研攻关的资金需求。全力配合相关部门加大对疫苗研究的支持力度，争取尽早投入使用。三是密切关注农副产品市场供应，配合相关部门做好动用政府储备粮油相关工作，确保供应充足、物价稳定。四是支持开展饮用水源等应急环境加密监测，强化应急监测物资保障，切实保障人民群众饮水安全，避免疾病传播和环境污染。五是要按照《财政部办公厅关于疫情防控采购便利化的通知》（财办库〔2020〕23号）要求，做好疫情防控物资采购工作。

六、强化资金使用监管

地方各级财政部门要及时制定疫情防控资金使用管理具体办法，明确经费列支渠道和相关预算调剂程序，既要优先保障疫情防控资金需求，又要确保有限的资金用在“刀刃”上。要加强对资金使用的事前、事中和事后全流程监管，规范资金审批程序，确保资金专款专用，任何地方不得擅自截留、挤占、挪用或改变资金用途。要“关口前移”，督促指导相关部门建立健全资金使用明细账和各项物资入库登记、领用发放及使用管理等规章制度，确保手续完备、凭证齐全。严禁使用财政补助资金超标准装修改造或购置与疫情防控工作无关的设备、器材、交通工具等。财政部各地监管局要做好资金的追踪问效，发现问题应及时向财政部报告。

七、切实做好信息上报和新闻宣传工作

地方各级财政部门要进一步畅通信息沟通渠道，提升信息报送的时效性和准确性。及时跟踪有关财政经费保障政策的落实情况，发现问题要及时研究应对预案，重大问题要及时向财政部报告。及时总结各地有关疫情防控情况，特别是要总结推广经费调度、物资采购等工作中好的经验和做法。及时上报各地疫情防控财政投入情况和出台的经费保障政策，严格执行财政部疫情防控财政工作日报制度。及时报送工作信息，认真审核信息内容，确保信息的真实性和准确性。要加强新闻宣传和舆论引导，主动回应社会关切，及时公开财政支持保障信息，增强社会信心。

各级财政部门要按照本通知要求，进一步提高政治站位，加大工作力度，确保疫情防控经费保障政策落实到位、工作部署到位、预算安排到位、资金拨付到位、监督管理到位，全力支持做好疫情防控工作，坚决打赢疫情防控阻击战。

财政部

2020 年 1 月 31 日

发布日期：2020 年 2 月 13 日

2. 鼓励金融企业根据疫情防控需要进行物资捐赠

享受主体

国有金融企业

优惠内容

鼓励大型金融企业强化工作统筹，充分发挥境外机构作用，组织采购境内短缺的防疫物资，向公益性社会组织或县级以上人民政府及其部门等国家机关，以及承担疫情防治任务的医院捐赠。鼓励保险机构立足主业，发挥风险保障功能，向一线医务人员、疫情防控工作人员捐赠保险产品。

金融企业应当合理调配捐赠资金，疫情防控捐赠在金融企业年度对外捐赠额度中优先安排。

政策依据

《关于国有金融企业积极做好疫情防控捐赠有关事项的通知》（财金函〔2020〕7 号）

延伸阅读

2-3关于国有金融企业积极做好疫情防控捐赠有关事项的通知

财金函〔2020〕7号

各中央金融企业，各省、自治区、直辖市、计划单列市财政厅（局），新疆生产建设兵团财政局：

新冠肺炎疫情发生以来，国有金融企业（以下简称金融企业）认真贯彻习近平总书记关于加强疫情防控工作的重要指示批示和中央政治局常委会会议精神，按照中央应对疫情工作领导小组会议和国务院常务会议部署，立足自身职能，强化金融服务，践行社会责任，及时向受疫情影响严重地区捐赠，大力组织境外机构开展防疫物资采购，传递正能量，对打赢疫情防控阻击战发挥了积极作用。为进一步做好相关工作，现就金融企业疫情防控捐赠有关事项通知如下：

一、金融企业应积极履行社会责任，在做好疫情防控金融服务的基础上，综合考虑自身职能定位、经营情况、财务状况，结合疫情防控需要，确定疫情防控捐赠事项，包括捐赠金额、捐赠对象、使用方向等。

二、鼓励金融企业实施精准捐赠，切实将疫情防控捐赠资金使在刀刃上，用在关键处。金融企业通过公益性社会组织或县级以上人民政府及其部门等国家机关捐赠时，可在捐赠时明确具体要求，包括资金使用对象、使用条件、使用方式等。

三、鼓励金融企业根据疫情防控需要，采取多种方式实施捐赠。鼓励大型金融企业强化工作统筹，充分发挥境外机构作用，组织采购境内短缺的防疫物资，向公益性社会组织或县级以上人民政府及其部门等国家机关，以及承担疫情防治任务的医院捐赠。鼓励保险机构立足主业，发挥风险保障功能，向一线医务人员、疫情防控工作人员捐赠保险产品。

四、金融企业应当合理调配捐赠资金，疫情防控捐赠在金融企业年度对外捐赠额度中优先安排。

五、金融企业疫情防控捐赠应依法履行公司治理程序。因疫情防控需要实施紧急捐赠的，金融企业可按照“特事特办、急事先办”的原则，采取电话、视频等多种方式，履行相关程序。

六、金融企业疫情防控捐赠符合《关于支持新型冠状病毒感染的肺炎疫情防控有关捐赠税收政策的公告》（财政部 税务总局公告2020年第9号）有关规定的，可按规定享受相应的税收优惠政策。

财政部

2020年2月13日

发布日期：2020年2月13日

3. 通过政策性银行加大疫情防控相关物资的进口和采购

享受主体

市场化融资有困难的防疫单位和企业以及重要生活物资供应企业

优惠内容

国家开发银行、进出口银行、农业发展银行要结合自身业务范围，加强统筹协调，合理调整信贷安排，加大对市场化融资有困难的防疫单位和企业的生产研发、医药用品进口采购，以及重要生活物资供应企业的生产、运输和销售的资金支持力度，合理满足疫情防控的需要。

政策依据

《关于进一步强化金融支持防控新型冠状病毒感染肺炎疫情的通知》（银发〔2020〕29号）

延伸阅读

2-4 关于进一步强化金融支持防控新型冠状病毒感染肺炎疫情的通知

银发〔2020〕29号

新型冠状病毒感染的肺炎疫情发生以来，党中央、国务院高度重视，习近平总书记作出一系列重要指示。金融系统认真贯彻落实党中央、国务院决策部署，主动作为，确保金融服务畅通，支持各地疫情防控，发挥了积极作用。当前，疫情防控正处于关键阶段。为切实贯彻落实中共中央《关于加强党的领导、为打赢疫情防控阻击战提供坚强政治保证的通知》精神和中央应对新型冠状病毒感染肺炎疫情工作领导小组工作部署，进一步强化金融对疫情防控工作的支持，现就有关事宜通知如下：

一、保持流动性合理充裕，加大货币信贷支持力度

（一）保持流动性合理充裕。人民银行继续强化预期引导，通过公开市场操作、常备借贷便利、再贷款、再贴现等多种货币政策工具，提供充足流动性，保持金融市场流动性合理充裕，维护货币市场利率平稳运行。人民银行分支机构对因春节假期调整受到影响的金融机构，根据实际情况适当提高2020年1月下旬存款准备金考核的容忍度。引导金融机构加大信贷投放支持实体经济，促进货币信贷合理增长。

（二）加大对疫情防控相关领域的信贷支持力度。在疫情

防控期间，人民银行会同发展改革委、工业和信息化部对生产、运输和销售应对疫情使用的医用防护服、医用口罩、医用护目镜、新型冠状病毒检测试剂盒、负压救护车、消毒机、84 消毒液、红外测温仪和相关药品等重要医用物资，以及重要生活物资的骨干企业实行名单制管理。人民银行通过专项再贷款向金融机构提供低成本资金，支持金融机构对名单内的企业提供优惠利率的信贷支持。中央财政对疫情防控重点保障企业给予贴息支持。金融机构要主动加强与有关医院、医疗科研单位和相关企业的服务对接，提供足额信贷资源，全力满足相关单位和企业卫生防疫、医药用品制造及采购、公共卫生基础设施建设、科研攻关、技术改造等方面的合理融资需求。

（三）为受疫情影响较大的地区、行业和企业提供差异化优惠的金融服务。金融机构要通过调整区域融资政策、内部资金转移定价、实施差异化的绩效考核办法等措施，提升受疫情影响严重地区的金融供给能力。对受疫情影响较大的批发零售、住宿餐饮、物流运输、文化旅游等行业，以及有发展前景但受疫情影响暂遇困难的企业，特别是小微企业，不得盲目抽贷、断贷、压贷。对受疫情影响严重的企业到期还款困难的，可予以展期或续贷。通过适当下调贷款利率、增加信用贷款和中长期贷款等方式，支持相关企业战胜疫情灾害影响。各级政府性融资担保再担保机构应取消反担保要求，降低担保和再担保费。对受疫情影响严重地区的融资担保再担保机构，国家融资担保基金减半收取再担保费。

（四）完善受疫情影响的社会民生领域的金融服务。对因感染新型肺炎住院治疗或隔离人员、疫情防控需要隔离观察人员、参加疫情防控工作人员以及受疫情影响暂时失去收入来源的人群，金融机构要在信贷政策上予以适当倾斜，灵活调整住房按揭、信用卡等个人信贷还款安排，合理延后还款期限。感染新型肺炎的个人创业担保贷款可展期一年，继续享受财政贴息支持。对感染新型肺炎或受疫情影响受损的出险理赔客户，金融机构要优先处理，适当扩展责任范围，应赔尽赔。

（五）提高疫情期间金融服务的效率。对受疫情影响较大领域和地区的融资需求，金融机构要建立、启动快速审批通道，简化业务流程，切实提高业务办理效率。在受到交通管制的地区，金融机构要创新工作方式，采取在就近网点办公、召开视频会议等方式尽快为企业办理审批放款等业务。

（六）支持开发性、政策性银行加大信贷支持力度。国家开发银行、进出口银行、农业发展银行要结合自身业务范围，加强统筹协调，合理调整信贷安排，加大对市场化融资有困难的防疫单位和企业的生产研发、医药用品进口采购，以及重要生活物资供应企业的生产、运输和销售的资金支持力度，合理满足疫情防控的需要。

（七）加强制造业、小微企业、民营企业等重点领域信贷支持。金融机构要围绕内部资源配置、激励考核安排等加强服务能力建设，继续加大对小微企业、民营企业支持力度，要保持贷款增速，切实落实综合融资成本压降要求。增加制造业中长期贷款投放。

（八）发挥金融租赁特色优势。对于在金融租赁公司办理疫情防控相关医疗设备的金融租赁业务，鼓励予以缓收或减收相关租金和利息，提供医疗设备租赁优惠金融服务。

二、合理调度金融资源，保障人民群众日常金融服务

（九）保障基本金融服务畅通。金融机构要根据疫情防控

工作需要，合理安排营业网点及营业时间，切实做好营业场所的清洁消毒，保障基本金融服务畅通。金融机构要加强全国范围特别是疫情严重地区的线上服务，引导企业和居民通过互联网、手机 APP 等线上方式办理金融业务。

（十）加强流通中现金管理。合理调配现金资源，确保现金供应充足。加大对医院、居民社区以及应急建设项目等的现金供应，及时满足疫情物资采购相关单位和企业的大额现金需求。做好现金储存及业务办理场地的消毒工作。对外付出现金尽可能以新券为主，对收入的现金采取消毒措施后交存当地人民银行分支机构。

（十一）确保支付清算通畅运行。人民银行根据需要，放开小额支付系统业务限额，延长大额支付系统、中央银行会计核算数据集中系统运行时间，支持金融机构线上办理人民币交存款等业务。人民银行分支机构、清算机构及银行业金融机构要做好各类支付清算系统、中央银行会计核算数据集中系统的正常安全运营，开通疫情防控专用通道，保障境内外救援和捐赠资金及时划拨到位、社会资金流转高效顺畅。

（十二）建立银行账户防疫“绿色通道”。银行业金融机构要在风险可控的前提下，做好与防控疫情相关的银行账户服务工作，简化开户流程，加快业务办理。要积极开辟捐款“绿色通道”，确保疫情防控款项第一时间到达指定收款人账户。减免银行业金融机构通过人民银行支付系统办理防控疫情相关款项汇划费用。鼓励清算机构、银行业金融机构对向慈善机构账户或疫区专用账户的转账汇款业务、对疫区的取现业务减免服务手续费。

（十三）加大电子支付服务保障力度。支持银行业金融机构、非银行支付机构在疫情防控期间，采用远程视频、电话等方式办理商户准入审核和日常巡检，通过交易监测强化风险防控。鼓励清算机构、银行业金融机构和非银行支付机构对特定领域或区域特约商户实行支付服务手续费优惠。银行业金融机构、非银行支付机构要强化电子渠道服务保障，灵活调整相关业务限额，引导客户通过电子商业汇票系统、个人网上银行、企业网上银行、手机银行、支付服务 APP 等电子化渠道在线办理支付结算业务。

（十四）切实保障公众征信相关权益。人民银行分支机构和金融信用信息基础数据库接入机构要妥善安排征信查询服务，引导公众通过互联网、自助查询机进行征信查询。要合理调整逾期信用记录报送，对因感染新型肺炎住院治疗或隔离人员、疫情防控需要隔离观察人员和参加疫情防控工作人员，因疫情影响未能及时还款的，经接入机构认定，相关逾期贷款可以不作逾期记录报送，已经报送的予以调整。对受疫情影响暂时失去收入来源的个人和企业，可依调整后的还款安排，报送信用记录。

（十五）畅通国库紧急拨款通道。建立财库银协同工作机制，及时了解财政部门疫情防控资金拨付安排，随时做好资金拨付工作。加强对商业银行相关业务的指导，建立信息反馈机制，及时跟踪资金拨付情况。人民银行和商业银行确保资金汇划渠道畅通和国库业务相关系统运行安全稳定，构建疫情防控拨款“绿色通道”。各级国库部门要简化业务处理流程和手续，确保疫情防控资金及时、安全、准确拨付到位。

（十六）切实保障消费者合法权益。金融机构要树立负责任金融理念，对受疫情影响临时停业或调整营业时间的网点，要提前向社会公布并主动说明临近正常营业的网点。金融机构要充分利用线上等方式保持投诉渠道畅通，优化客户咨询、投诉处理流程，及时妥善处理疫情相关的金融咨询和投诉。金融机构要切实加强行业自律，维护市场秩序，不得利用疫情进行不当金融营销宣传。

三、保障金融基础设施安全，维护金融市场平稳有序运行

（十七）加强金融基础设施服务保障。金融市场基础设施要从工作机制、人员配备、办公场所、系统运维、技术支持等方面提升服务保障能力，确保发行、交易、清算、结算等业务正常运转，尽可能实施全流程、全链条线上操作。要制定应急预案，对突发事件快速响应、高效处理。要加强与主管部门、市场机构、其他金融基础设施的沟通，保持业务系统联通顺畅。对受疫情影响较大的地区，要开设“绿色通道”，必要时提供特别服务安排，并降低服务收费标准。

（十八）稳妥开展金融市场相关业务。金融机构要合理调配人员，稳妥开展金融市场相关交易、清算、结算、发行、承销等工作，加强流动性管理与风险应对。要合理引导投资者预期，确保金融市场各项业务平稳有序开展。对受疫情影响较大地区的金融机构，要保持正常业务往来，加大支持力度。

（十九）提高债券发行等服务效率。中国银行间市场交易商协会、上海证券交易所、深圳证券交易所等要优化公司信用类债券发行工作流程，鼓励金融机构线上提交公司信用类债券的发行申报材料，远程办理备案、注册等，减少疫情传播风险。对募集资金主要用于疫情防控以及疫情较重地区金融机构和企业发行的金融债券、资产支持证券、公司信用类债券建立注册发行“绿色通道”，证券市场自律组织对拟投资于防疫相关医

疗设备、疫苗药品生产研发企业的私募股权投资基金，建立登记备案“绿色通道”，切实提高服务效率。

（二十）灵活妥善调整企业信息披露等监管事项。上市公司、挂牌公司、公司债券发行人受疫情影响，在法定期限内披露2019年年报或2020年第一季度季报有困难的，证监会、证券交易所、全国中小企业股份转让系统要依法妥善安排。上市公司受疫情影响，难以按期披露业绩预告或业绩快报的，可向证券交易所申请延期办理；难以在原预约日期披露2019年年报的，可向证券交易所申请延期至2020年4月30日前披露。湖北省证券基金经营机构可向当地证监局申请延期办理年度报告的审计、披露和报备。受疫情影响较大的证券基金经营机构管理的公募基金或其他资产管理产品，管理人可向当地证监局申请延期办理年报审计和披露。对疫情严重地区的证券基金期货经营机构，适当放宽相关风控指标监管标准。

（二十一）适当放宽资本市场相关业务办理时限。适当延长上市公司并购重组行政许可财务资料有效期和重组预案披露后发布召开股东大会通知的时限。如因受疫情影响确实不能按期更新财务资料或发出股东大会通知的，公司可在充分披露疫情对本次重组的具体影响后，申请财务资料有效期延长或股东大会通知时间延期1个月，最多可申请延期3次。疫情期间，对股票发行人的反馈意见回复时限、告知函回复时限、财务报告到期终止时限，以及已核发的再融资批文有效期，自本通知发布之日起暂缓计算。已取得债券发行许可，因疫情影响未能在许可有效期内完成发行的，可向证监会申请延期发行。

（二十二）减免疫情严重地区公司上市等部分费用。免收湖北省上市公司、挂牌公司应向证券交易所、全国中小企业股份转让系统缴纳的2020年度上市年费和挂牌年费。免除湖北省期货公司应向期货交易所缴纳的2020年度会费和席位费。

四、建立“绿色通道”，切实提高外汇及跨境人民币业务办理效率

（二十三）便利防疫物资进口。银行应当为疫情防控相关物资进口、捐赠等跨境人民币业务开辟“绿色通道”。对有关部门和地方政府所需的疫情防控物资进口，外汇局各分支机构要指导辖区内银行简化进口购付汇业务流程与材料。

（二十四）便捷资金入账和结汇。对于境内外因支援疫情防控汇入的外汇捐赠资金业务，银行可直接通过受赠单位已有的经常项目外汇结算账户办理，暂停实施需开立捐赠外汇账户的要求。

（二十五）支持企业跨境融资防控疫情。企业办理与疫情防控相关的资本项目收入结汇支付时，无需事前、逐笔提交单证材料，由银行加强对企业资金使用真实性的事后检查。对疫情防控确有需要的，可取消企业借用外债限额等，并可线上申请外债登记，便利企业开展跨境融资。

（二十六）支持个人和企业合理用汇需求。银行应当密切关注个人用汇需求，鼓励通过手机银行等线上渠道办理个人外汇业务。与疫情防控有关的其他特殊外汇及人民币跨境业务，银行可先行办理、事后检查，并分别向所在地外汇局分支机构、人民银行分支机构报备。

（二十七）简化疫情防控相关跨境人民币业务办理流程。支持银行在“展业三原则”基础上，凭企业提交的收付款指令，直接为其办理疫情防控相关进口跨境人民币结算业务以及资本项目下收入人民币资金在境内支付使用。

五、加强金融系统党的领导，为打赢疫情防控阻击战提供坚强政治保证

（二十八）强化疫情防控的组织保障。金融管理部门和金融机构要增强“四个意识”，坚定“四个自信”，做到“两个维护”，切实把思想和行动统一到习近平总书记的重要指示精神上来，把打赢疫情防控阻击战作为当前重大政治任务，全力以赴做好各项金融服务工作。

（二十九）做好自身的疫情防控工作。金融管理部门和金融机构要完善疫情应对工作机制，持续关注员工特别是从疫情较重地区返回员工的健康情况，建立日报制度，加大疫情排查力度，做好员工防疫安排，努力为员工提供必要的防疫用品。

（三十）配合地方政府加强应急管理。金融管理部门和金融机构要按照属地原则，配合当地政府做好组织协调，及时处理突发事件。服从当地政府防疫安排，对防控疫情需要征用的人员车辆、设备设施等，不得推诿拒绝。各单位要继续严格执行应急值守制度，确保政令畅通。

各单位在执行中遇到的情况请及时报告。

中国人民银行

财政部

银保监会

证监会

国家外汇管理局

2020年1月31日

发布日期：2020年2月1日

4. 电子商务进农村综合示范资金向疫情防控物资倾斜

享受主体

承担疫情防控相关重要物资保供任务，且工作突出的电商、物流、商贸流通等企业

优惠内容

电子商务进农村综合示范资金重点支持农产品进城，兼顾工业品下乡，对承担疫情防控相关重要物资保供任务，且工作突出的电商、物流、商贸流通等企业，在同等条件下予以适当倾斜。

政策依据

《关于用好内外贸专项资金支持稳外贸稳外资促消费工作的通知》（商办财函〔2020〕98号）

延伸阅读

2-5 关于用好内外贸专项资金支持稳外贸稳外资促消费工作的通知

商办财函〔2020〕98号

为深入贯彻习近平总书记关于统筹推进新冠肺炎疫情防控和经济社会发展重要指示精神，落实党中央、国务院决策部署，统筹推进疫情防控和商务发展相关工作，充分发挥中央财政资金效益，把各地商务发展的巨大潜力和强大动能充分释放出来，更好支持应对疫情、做好稳外贸稳外资促消费工作，现就有关事项通知如下：

一、用好外经贸发展专项资金，全力支持稳住外贸外资基本盘

对受疫情影响较大的外经贸领域予以倾斜，帮助企业应对疫情影响，促进外经贸高质量发展。一是全力稳住外贸基本盘。

对有订单有市场的企业确因疫情增加的相关费用给予适当支持。在深耕细作传统市场的基础上，加快培育新的增长点，支持企业开拓多元化市场。鼓励服务贸易创新发展。在符合相关规定前提下，引导加大信贷保险支持，以政银保合作等方式加大贸易融资支持。加大对中小外贸企业的扶持力度，在同等条件下，适度向中小外贸企业，特别是向受疫情影响较大的中小外贸企业倾斜。二是全力稳住外资基本盘。充分发挥对外开放平台引资作用，支持国家级经开区、自贸试验区、边境经济合作区和跨境经济合作区建设，打造国际合作新载体，推进边合区、跨合区“小组团”滚动开发。健全外商投资促进公共服务体系，建立重点企业联系制度，创新企业服务方式。三是稳住产业链供应链。引导企业有序开展对外投资合作。支持中西部和东北地区承接加工贸易，优化国内产业布局。

二、用好服务业发展资金，加大支持促进国内消费

一是用好电子商务进农村综合示范资金，重点支持农产品进城，兼顾工业品下乡，对承担疫情防控相关重要物资保供任务，且工作突出的电商、物流、商贸流通等企业，在同等条件下予以适当倾斜。二是用好流通领域供应链体系建设资金，强化生活必需消费品供应链保障功能，对结余两年以上的专项资金统筹使用，可用于支持疫情防控相关生活必需消费品的保供支出，在同等条件下向相关项目适度倾斜。三是用好农产品供应链体系建设资金，安排一定比例资金用于支持农产品保供工作，包括农产品流通企业承担保供任务时发生的运费、租金、保供储备、冷链、防疫以及供应链中断恢复过程中发生的相关费用补贴。具体按照《商务部办公厅　财政部办公厅关于疫情防控期间进一步做好农商互联工作的紧急通知》（商办建函

〔2020〕53号）相关要求执行。

三、严格规范资金管理，不断提升资金使用绩效

各地财政、商务主管部门要进一步加强沟通配合，积极推进内外贸专项资金预算执行。一要抓紧安排已经下达的2020年专项资金，认真对照专项资金管理办法和相关工作通知，结合本地疫情防控和经济社会发展具体情况，制定修订资金使用细则，用好地方配套资金，带动社会资本，加大力度支持稳外贸稳外资促消费工作。二要统筹盘活结余资金，根据《财政部关于推进地方盘活财政存量资金有关事项的通知》（财预〔2015〕15号）要求，在原定支持事项规定的使用范围内，结合稳外贸稳外资促消费工作需要，因地制宜确定具体支持方向，建立完善项目储备库，做好资金与项目的衔接，加快结余资金执行进度。三要加强监督管理，有效防范风险，资金安排应避免与其它政策平台、资金渠道等交叉重复。

各地财政、商务主管部门要以习近平新时代中国特色社会主义思想为指导，增强“四个意识”、坚定“四个自信”、做到“两个维护”，坚决贯彻落实党中央、国务院决策部署，提高站位，统筹协作，强化担当，完善组织领导，创新工作方法，用足用好中央财政内外贸专项资金政策，全力支持稳住外贸外资基本盘，促进国内消费，为实现全年经济社会发展目标任务作出积极贡献。

商务部办公厅　财政部办公厅

2020年3月6日

发布日期：2020年3月23日

5. 供应链体系建设资金支持疫情防控相关生活必需消费品的保供支出

享受主体

支持疫情防控相关生活必需品支出项目

优惠内容

用好流通领域供应链体系建设资金，强化生活必需消费品供应链保障功能，对结余两年以上的专项资金统筹使用，可用于支持疫情防控相关生活必需消费品的保供支出，在同等条件下向相关项目适度倾斜。

政策依据

《关于用好内外贸专项资金支持稳外贸稳外资促消费工作的通知》（商办财函〔2020〕98 号）（见延伸阅读 2－5）

（二）相关企业或机构供应防控物资减免税费

1. 对疫情防控重点保障企业给予贴息支持

享受主体

属于疫情防控重点保障企业名单内的企业

优惠内容

中央财政对疫情防控重点保障企业给予贴息支持。对 2020 年新增的疫情防控重点保障企业贷款，在人民银行专项再贷款支持金融机构提供优惠利率信贷的基础上，中央财政按人民银行再贷款利率的 50% 给予贴息，贴息期限不超过 1 年，贴息资金从普惠金融发展专项资金中安排。

经发展改革委、工业和信息化部等部门确定的疫情防控重点保障企业，可凭借 2020 年 1 月 1 日后疫情防控期内新生效的贷款合同，中央企业直接向财政部申请，地方企业向所在地财政部门申请贴息支持。对支持疫情防控工作作用突出的其他卫生防疫、医药产品、医用器材企业，经省级财政部门审核确认后，可一并申请贴息支持。

政策依据

1.《关于进一步强化金融支持防控新型冠状病毒感染肺炎疫情的通知》(银发〔2020〕29号)(见延伸阅读2－4)

2.《关于支持金融强化服务　做好新型冠状病毒感染肺炎疫情防控工作的通知》(财金〔2020〕3号)

3.《关于打赢疫情防控阻击战　强化疫情防控重点保障企业资金支持的紧急通知》(财金〔2020〕5号)

4.《关于加快拨付贴息资金　强化疫情防控重点保障企业资金支持的补充通知》(财办金〔2020〕13号)

延伸阅读

2－6 关于支持金融强化服务　做好新型冠状病毒感染肺炎疫情防控工作的通知

财金〔2020〕3号

各省、自治区、直辖市、计划单列市财政厅（局），新疆生产建设兵团财政局，财政部各地监管局：

为坚决贯彻落实《中共中央关于加强党的领导、为打赢疫情防控阻击战提供坚强政治保证的通知》精神，发挥财政资金引导撬动作用，支持金融更好服务新型冠状病毒感染肺炎疫情防控（以下简称疫情防控）工作，现通知如下：

一、对疫情防控重点保障企业贷款给予财政贴息支持。对2020年新增的疫情防控重点保障企业贷款，在人民银行专项再贷款支持金融机构提供优惠利率信贷的基础上，中央财政按人民银行再贷款利率的50%给予贴息，贴息期限不超过1年，贴息资金从普惠金融发展专项资金中安排。

（一）经发展改革委、工业和信息化部等部门确定的疫情防控重点保障企业，可凭借2020年1月1日后疫情防控期内新生效的贷款合同，中央企业直接向财政部申请，地方企业向所在地财政部门申请贴息支持。对支持疫情防控工作作用突出的其他卫生防疫、医药产品、医用器材企业，经省级财政部门审核确认后，可一并申请贴息支持。

（二）各省级财政部门汇总编制本地区贴息资金申请表（见附件），于2020年5月31日前报送财政部。财政部审核后，向省级财政部门拨付贴息资金，由省级财政部门直接拨付给相关借款企业。5月31日后，再视情决定是否受理贴息资金申请。

（三）享受贴息支持的借款企业应将贷款专项用于疫情防控相关生产经营活动，保障疫情防控相关重要医用、生活物资平稳有序供应，不得将贷款资金用于投资、理财或其他套利活动，不得哄抬物价、干扰市场秩序。

二、加大对受疫情影响个人和企业的创业担保贷款贴息支持力度。对已发放的个人创业担保贷款，借款人患新型冠状病毒感染肺炎的，可向贷款银行申请展期还款，展期期限原则上不超过1年，财政部门继续给予贴息支持，不适用《普惠金融发展专项资金管理办法》（财金〔2019〕96号）关于“对展期、逾期的创业担保贷款，财政部门不予贴息”的规定。对受疫情影响暂时失去收入来源的个人和小微企业，地方各级财政部门要会同有关方面在其申请创业担保贷款时优先给予支持。

三、优化对受疫情影响企业的融资担保服务。鼓励金融机构对疫情防控重点保障企业和受疫情影响较大的小微企业提供信用贷款支持，各级政府性融资担保、再担保机构应当提高业务办理效率，取消反担保要求，降低担保和再担保费率，帮助企业与金融机构对接，争取尽快放贷、不抽贷、不压贷、不断贷。国家融资担保基金对于受疫情影响严重地区的政府性融资担保、再担保机构，减半收取再担保费。对于确无还款能力的小微企业，为其提供融资担保服务的各级政府性融资担保机构应及时履行代偿义务，视疫情影响情况适当延长追偿时限，符合核销条件的，按规定核销代偿损失。

四、加强资金使用绩效监督管理。各级财政部门应及时公开疫情防控重点保障企业获得贴息支持情况，并督促相关贷款银行加强贷后管理，确保贴息贷款专款专用。疫情防控重点保障企业贴息资金管理执行《普惠金融发展专项资金管理办法》，财政部各地监管局应加强贴息资金使用情况监管，强化跟踪问效，切实提高财政资金使用效益。对于未按规定用途使用贷款的企业，一经发现，要追回中央财政贴息资金。

五、认真抓好政策贯彻落实。地方各级财政部门要增强“四个意识”，做到“两个维护”，把打赢疫情防控阻击战作为当前重大政治任务，会同有关方面加强政策宣传、组织协调和监督管理工作，发现政策执行中的重大情况，及时向财政部报告，切实保障政策真正惠及疫情防控重点保障企业以及受疫情影响的人群、企业和地区。

财政部

2020 年 2 月 1 日

发布日期：2020 年 2 月 2 日

2-7 关于打赢疫情防控阻击战　强化疫情防控重点保障企业资金支持的紧急通知

财金〔2020〕5号

各省、自治区、直辖市、计划单列市财政厅（局）、发展改革委、工业和信息化主管部门、审计厅（局），人民银行上海总部，各分行、营业管理部、各省会（首府）城市中心支行、副省级城市中心支行，新疆生产建设兵团财政局、发展改革委、工业和信息化局、审计局，财政部各地监管局，审计署各特派员办事处：

党中央、国务院高度重视新型冠状病毒感染肺炎疫情防控工作，把疫情防控工作作为当前最重要的工作来抓。为认真贯彻习近平总书记关于加强疫情防控工作的重要指示和中央政治局常委会会议精神，根据李克强总理主持召开中央应对疫情工作领导小组会议精神和国务院常务会议部署，全力保障疫情防控重要医用物资和生活必需品供应，坚决遏制疫情蔓延势头，坚决打赢疫情防控阻击战，现就强化疫情防控重点保障企业资金支持有关事项通知如下：

一、规范疫情防控重点保障企业名单管理

（一）支持范围。发展改革委、工业和信息化部对以下疫情防控重点保障企业实施名单制管理：

1. 生产应对疫情使用的医用防护服、隔离服、医用及具有防护作用的民用口罩、医用护目镜、新型冠状病毒检测试剂盒、负压救护车、消毒机、消杀用品、红外测温仪、智能监测检测系统和相关药品等重要医用物资企业；

2. 生产上述物资所需的重要原辅材料生产企业、重要设备制造企业和相关配套企业；

3. 生产重要生活必需品的骨干企业；

4. 重要医用物资收储企业；

5. 为应对疫情提供相关信息通信设备和服务系统的企业以及承担上述物资运输、销售任务的企业。

（二）名单申报流程。各省级发展改革、工业和信息化部门负责审核汇总本地区疫情防控重点保障企业名单，报发展改革委、工业和信息化部。中央企业可由相关行业主管部门或直接向发展改革委、工业和信息化部提出申请。发展改革委、工业和信息化部根据疫情防控物资调拨需要，研究确定全国疫情防控重点保障企业名单（以下简称全国性名单）。

湖北省和浙江省、广东省、河南省、湖南省、安徽省、重庆市、江西省、北京市、上海市等省份，可根据疫情防控工作需要，自主建立本地区的疫情防控重点保障企业名单（以下简称地方性名单），由省级发展改革、工业和信息化部门报发展改革委、工业和信息化部备案。

上述地区对疫情防控物资保障有重要作用的重点医用物资、生活必需品生产企业，未纳入名单前可按照急事急办、特事特办原则，先向金融机构申请信贷支持，在金融机构审核的同时，及时向省级发展改革、工业和信息化部门申请纳入名单。

（三）严格名单管理。发展改革委、工业和信息化部应按照中央应对疫情工作领导小组和国务院联防联控机制部署要求，严格报送名单程序和筛选标准，指导做好疫情防控重点保障企业名单报送工作，根据疫情防控需要和企业规范生产经营情况，对名单实施动态调整。

（四）加强信息共享。发展改革委、工业和信息化部与财政部、人民银行、审计署实时共享全国性和地方性名单信息。

财政部、人民银行应实时将名单内企业获得财政贴息和优惠贷款情况反馈发展改革委、工业和信息化部、审计署。

二、通过专项再贷款支持金融机构加大信贷支持力度

（一）发放对象。人民银行向相关全国性银行和疫情防控重点地区地方法人银行发放专项再贷款，支持其向名单内企业提供优惠贷款。发放对象包括开发银行、进出口银行、农业发展银行、工商银行、农业银行、中国银行、建设银行、交通银行、邮政储蓄银行等9家全国性银行，以及疫情防控重点地区的部分地方法人银行。全国性银行重点向全国性名单内的企业发放贷款，地方法人银行向本地区地方性名单内企业发放贷款。

（二）利率和期限。每月专项再贷款发放利率为上月一年期贷款市场报价利率（LPR）减250基点。再贷款期限为1年。金融机构向相关企业提供优惠利率的信贷支持，贷款利率上限为贷款发放时最近一次公布的一年期LPR减100基点。

（三）发放方式。专项再贷款采取“先贷后借”的报销制。金融机构按照风险自担原则对名单内企业自主决策发放优惠贷款，按日报告贷款进度，定期向人民银行申领专项再贷款资金。

三、中央财政安排贴息资金支持降低企业融资成本

（一）贴息范围。对享受人民银行专项再贷款支持的企业，中央财政给予贴息支持。

（二）贴息标准和期限。在人民银行专项再贷款支持金融机构提供优惠利率信贷支持的基础上，中央财政按企业实际获得贷款利率的50%进行贴息。贴息期限不超过1年。

（三）贴息资金申请程序。地方企业向所在地财政部门申请贴息支持，由省级财政部门汇总本地区贴息申请并报送财政部。中央企业直接向财政部申请。财政部审核后，向省级财政

部门和中央企业尽快拨付贴息资金。省级财政部门应尽快将贴息资金直接拨付地方企业。

四、切实加强应急保障资金监督管理

（一）确保专款专用。疫情防控重点保障企业要将金融机构提供的优惠信贷支持，全部用于疫情防控相关的生产经营活动，积极扩大产能、抓紧增产增供，服从国家统一调配，保障疫情防控相关重要医用物资、生活必需品平稳有序供给。对于挪用优惠信贷资金用于偿还企业其他债务，或投资、理财等套利活动，未从事疫情防控相关生产经营活动，或对生产的物资不服从国家统一调配的企业，一经发现，取消享受优惠政策支持资格，追回中央财政贴息和优惠信贷资金，并按照有关规定追究相应责任。地方不配合国家对重要物资统一调配的，取消当地企业的相关政策支持。

（二）加强监督管理。各级有关部门和中央企业要严格按照程序和筛选标准报送企业名单和融资需求。金融机构要从严审批、从快发放贷款，加强贷后管理，确保资金第一时间用于疫情防控相关生产经营活动。发展改革委、工业和信息化部要跟踪监督重点保障企业生产的医用物资、生活必需品流向，确保物资用于疫情防控的重要地区和领域。人民银行要建立电子台账，跟踪监督再贷款资金使用情况。财政部门要加强对中央财政贴息资金安排的监管、监督。审计部门要加强对重点保障企业贴息贷款的审计监督，促进资金使用的公开、公平、公正。疫情防控重点保障企业和相关金融机构要自觉接受财政、审计部门的检查监督。

（三）提高资金使用效益。各级财政部门要及时拨付贴息资金，加强资金使用全流程监管，强化绩效管理要求，确保贴息资金使用安全、合规和有效，并根据工作需要适时组织开展绩效评价。任何单位和个人不得以任何理由、任何形式截留、挪用贴息资金。

（四）严格责任追究。各地区各相关部门工作人员存在违反本通知要求滥用职权、玩忽职守、徇私舞弊等违法违纪行为的，企业借机骗取套取财政和信贷资金的，要依据《中华人民共和国监察法》《中华人民共和国预算法》《财政违法行为处罚处分条例》等法律法规追究相应责任、坚决严惩不贷；涉嫌犯罪的，依法移送司法机关处理。

五、强化责任担当，狠抓贯彻落实

（一）提高站位，加强领导。各地区各相关部门要进一步提高政治站位，增强“四个意识”、坚定“四个自信”、做到“两个维护”，深刻认识打赢疫情防控阻击战的重要性和紧迫性，坚决服从中央统一指挥、统一协调、统一调度，对疫情防控重点保障企业资金需求应保尽保，切实加强组织领导，抓好贯彻落实。

（二）明确责任，强化协同。各级发展改革、工业和信息化部门要主动了解疫情防控重点保障企业生产经营需求，下沉服务、上门服务，及时帮助企业排忧解难。各人民银行分支机构要指导金融机构主动对接疫情防控重点保障企业融资需求、尽快放贷，保障企业生产经营需要。各级财政部门、人民银行分支机构要简化申报流程、提高办理效率，尽快发放专项再贷款、拨付贴息资金。各级审计部门要加强资金跟踪审计，发现问题及时推动整改。各部门要加强联动、信息共享，形成工作合力，重大问题及时报告。

（三）特事特办，及早见效。各部门要切实强化责任担当，坚持特事特办、急事急办，业务办理高效化、便利化，全力以赴支持疫情防控重点保障企业开展生产经营、扩大生产能力，确保政策尽快落地见效，真正惠及疫情防控重点保障企业以及受疫情影响的人群、企业和地区。

财政部

发展改革委

工业和信息化部

人民银行

审计署

2020年2月7日

发布日期：2020年2月7日

2-8 关于加快拨付贴息资金　强化疫情防控重点保障企业资金支持的补充通知

财办金〔2020〕13号

各省、自治区、直辖市、计划单列市财政厅（局），新疆生产建设兵团财政局：

为更好落实《关于打赢疫情防控阻击战　强化疫情防控重点保障企业资金支持的紧急通知》（财金〔2020〕5号）和全国强化疫情防控重点保障企业资金支持电视电话会议上关于“各地要按照战时标准和要求，迅速行动起来，落实好各项政策措施。各地财政部门要从快拨付贴息资金”的要求，现补充通知如下：

一、省级财政部门应会同相关部门严格把关，精准认定，避免将未承担疫情防控应急保障物资生产和调配任务、贷款资金未用于扩能增产的企业纳入支持范围，确保“好钢用在刀刃上”，切实提高财政贴息资金使用效益。要防止层层加码叠加贴息支持，避免出现贷款利率过低甚至负利率带来企业套利、行业攀比、管理混乱等问题。

二、为加快贴息资金拨付进度，地方各级财政部门应与本级人民银行分支机构、贷款银行加强沟通，实时掌握优惠贷款发放进度，主动上门对接服务，宣传贴息政策，可采取“先拨后结”方式，先行安排贴息资金，及时拨付至符合条件的企业，全力支持相关企业扩大产能。

三、省级财政部门应每月汇总辖区内贴息资金拨付和支持企业的有关情况，通过官网等渠道予以公示，加强正面舆论引导，宣传政策实施效果。

四、省级财政部门应于2020年5月31日前汇总一并向财政部申请贴息资金结算。

五、省级财政部门应于每周五中午前汇总贴息资金拨付数额、支持优惠贷款规模、支持企业总数等情况反馈我部金融司。

财政部办公厅

2020年3月2日

发布日期：2020年3月4日

2. 防控新型冠状病毒感染的肺炎疫情进口物资免税政策

享受主体

无偿向受赠人捐赠用于防控新型冠状病毒感染的肺炎疫情进口物资的境外捐赠人

优惠内容

自2020年1月1日至3月31日，实行更优惠的进口税收政策：

一是对捐赠用于疫情防控的进口物资，免征进口关税和进口环节增值税、消费税。无明确受赠人的捐赠进口物资，由中国红十字会总会、中华全国妇女联合会、中国残疾人联合会、中华慈善总会、中国初级卫生保健基金会、中国宋庆龄基金会或中国癌症基金会作为受赠人接收。

二是对卫生健康主管部门组织进口的直接用于防控疫情物资免征关税。省级财政厅（局）会同省级卫生健康主管部门确定进口单位名单、进口物资清单，函告所在地直属海关及省级税务部门。

对于已征收的免税进口物资的应免税款予以退还。有关进口单位应在2020年9月30日前向海关办理退税手续。

免税进口物资，可按照或比照海关总署公告2020年第17号，先登记放行，再按规定补办相关手续。

政策依据

1.《关于防控新型冠状病毒感染的肺炎疫情进口物资免税政策的公告》（财政部　海关总署　税务总局公告2020年第6号）

2.《海关总署公告》（2020年第17号）

延伸阅读

2-9 关于防控新型冠状病毒感染的肺炎疫情进口物资免税政策的公告

财政部　海关总署　税务总局公告2020年第6号

根据财政部、海关总署和税务总局联合发布的《慈善捐赠物资免征进口税收暂行办法》（公告2015年第102号）等有关规定，境外捐赠人无偿向受赠人捐赠的用于防控新型冠状病毒感染的肺炎疫情（以下简称疫情）进口物资可免征进口税收。

为进一步支持疫情防控工作，自2020年1月1日至3月31日，实行更优惠的进口税收政策，现公告如下：

一、适度扩大《慈善捐赠物资免征进口税收暂行办法》规定的免税进口范围，对捐赠用于疫情防控的进口物资，免征进口关税和进口环节增值税、消费税。

（1）进口物资增加试剂，消毒物品，防护用品，救护车、防疫车、消毒用车、应急指挥车。

（2）免税范围增加国内有关政府部门、企事业单位、社会团体、个人以及来华或在华的外国公民从境外或海关特殊监管区域进口并直接捐赠；境内加工贸易企业捐赠。捐赠物资应直接用于防控疫情且符合前述第（1）项或《慈善捐赠物资免征进口税收暂行办法》规定。

（3）受赠人增加省级民政部门或其指定的单位。省级民政部门将指定的单位名单函告所在地直属海关及省级税务部门。

无明确受赠人的捐赠进口物资，由中国红十字会总会、中华全国妇女联合会、中国残疾人联合会、中华慈善总会、中国初级卫生保健基金会、中国宋庆龄基金会或中国癌症基金会作为受赠人接收。

二、对卫生健康主管部门组织进口的直接用于防控疫情物资免征关税。进口物资应符合前述第一条第（1）项或《慈善捐赠物资免征进口税收暂行办法》规定。省级财政厅（局）会同省级卫生健康主管部门确定进口单位名单、进口物资清单，函告所在地直属海关及省级税务部门。

三、本公告项下免税进口物资，已征收的应免税款予以退还。其中，已征税进口且尚未申报增值税进项税额抵扣的，可凭主管税务机关出具的《防控新型冠状病毒感染的肺炎疫情进口物资增值税进项税额未抵扣证明》(见附件),向海关申请办理退还已征进口关税和进口环节增值税、消费税手续;已申报增值税进项税额抵扣的,仅向海关申请办理退还已征进口关税和进口环节消费税手续。有关进口单位应在2020年9月30日前向海关办理退税手续。

四、本公告项下免税进口物资,可按照或比照海关总署公告2020年第17号,先登记放行,再按规定补办相关手续。

财政部　海关总署　税务总局

2020年2月1日

发布日期:2020年2月1日

2-10 海关总署公告

2020年第17号

为确保用于新型冠状病毒感染的肺炎疫情的捐赠物资快速通关,根据《海关法》等法律法规的相关规定,现就进口捐赠物资办理通关手续事宜公告如下:

一、全力保障进口药品、消毒物品、防护用品、救治器械等防控物资快速通关,各直属海关相关通关现场设立进口捐赠物资快速通关专门受理窗口和绿色通道,实施快速验放。

紧急情况下可先登记放行,再按规定补办相关手续。用于防控疫情的涉及国家进口药品管理准许证的医用物资,海关可凭医药主管部门的证明先予放行,后补办相关手续。

二、《慈善捐赠物资免征进口税收暂行办法》(财政部　海关总署　国家税务总局公告2015年第102号)所列有关物资,紧急情况下海关先登记放行,再按规定补办减免税相关手续。

三、如有相关问题，可拨打海关咨询热线电话12360进行咨询。

特此公告。

海关总署

2020年1月25日

3. 对进入审批程序的防治新冠病毒肺炎的医疗器械产品和药品免征注册费

享受主体

进入审批程序的防治新冠病毒肺炎的医疗器械产品和药品

优惠内容

自2020年1月1日起，对进入医疗器械应急审批程序并与新型冠状病毒相关的防控产品，免征医疗器械产品注册费；对进入药品特别审批程序、治疗和预防新型冠状病毒感染肺炎的药品，免征药品注册费。

上述优惠政策的截止日期视疫情情况另行公告。

疫情防控重点保障物资生产企业适用一次性企业所得税税前扣除政策的，在纳税申报时将相关情况填入企业所得税纳税申报表“固定资产一次性扣除”行次。

政策依据

《关于新型冠状病毒感染的肺炎疫情防控期间免征部分行政事业性收费和政府性基金的公告》（财政部　国家发展改革委公告2020年第11号）

延伸阅读

2－11 关于新型冠状病毒感染的肺炎疫情防控期间免征部分行政事业性收费和政府性基金的公告

财政部　国家发展改革委公告2020年第11号

为进一步做好新型冠状病毒感染的肺炎疫情防控工作，支持相关企业发展，现就免征部分行政事业性收费和政府性基金有关政策公告如下：

一、对进入医疗器械应急审批程序并与新型冠状病毒（2019－nCoV）相关的防控产品，免征医疗器械产品注册费；对进入药品特别审批程序、治疗和预防新型冠状病毒（2019－nCoV）感染肺炎的药品，免征药品注册费。

二、免征航空公司应缴纳的民航发展基金。

三、本公告自2020年1月1日起实施，截止日期视疫情情况另行公告。

财政部　国家发展改革委

2020年2月6日

发布日期：2020年2月7日

4. 对疫情防控重点保障物资生产企业扩大产能购置新设备，允许企业所得税税前一次性扣除

享受主体

疫情防控重点保障物资生产企业

优惠内容

自2020年1月1日起，对疫情防控重点保障物资生产企业为扩大产能新购置的相关设备，允许一次性计入当期成本费用在企业所得税税前扣除。

疫情防控重点保障物资生产企业名单，由省级及以上发展改革部门、工业和信息化部门确定。

上述优惠政策的截止日期视疫情情况另行公告。

疫情防控重点保障物资生产企业适用一次性企业所得税税前扣除政策的，在纳税申报时将相关情况填入企业所得税纳税申报表“固定资产一次性扣除”行次。

政策依据

1.《关于支持新型冠状病毒感染的肺炎疫情防控有关税收政策的公告》（财政部　税务总局公告2020年第8号）

2.《关于支持新型冠状病毒感染的肺炎疫情防控有关税收征收管理事项的公告》（国家税务总局公告2020年第4号）

延伸阅读

2－12 关于支持新型冠状病毒感染的肺炎疫情防控有关税收政策的公告

财政部　税务总局公告2020年第8号

为进一步做好新型冠状病毒感染的肺炎疫情防控工作，支持相关企业发展，现就有关税收政策公告如下：

一、对疫情防控重点保障物资生产企业为扩大产能新购置的相关设备，允许一次性计入当期成本费用在企业所得税税前扣除。

二、疫情防控重点保障物资生产企业可以按月向主管税务机关申请全额退还增值税增量留抵税额。

本公告所称增量留抵税额，是指与2019年12月底相比新增加的期末留抵税额。

本公告第一条、第二条所称疫情防控重点保障物资生产企业名单，由省级及以上发展改革部门、工业和信息化部门确定。

三、对纳税人运输疫情防控重点保障物资取得的收入，免征增值税。

疫情防控重点保障物资的具体范围，由国家发展改革委、工业和信息化部确定。

四、受疫情影响较大的困难行业企业2020年度发生的亏损，最长结转年限由5年延长至8年。

困难行业企业，包括交通运输、餐饮、住宿、旅游（指旅行社及相关服务、游览景区管理两类）四大类，具体判断标准按照现行《国民经济行业分类》执行。困难行业企业2020年度主营业务收入须占收入总额（剔除不征税收入和投资收益）的50%以上。

五、对纳税人提供公共交通运输服务、生活服务，以及为居民提供必需生活物资快递收派服务取得的收入，免征增值税。

公共交通运输服务的具体范围，按照《营业税改征增值税试点有关事项的规定》（财税〔2016〕36号印发）执行。

生活服务、快递收派服务的具体范围，按照《销售服务、无形资产、不动产注释》（财税〔2016〕36号印发）执行。

六、本公告自2020年1月1日起实施，截止日期视疫情情况另行公告。

财政部　税务总局

2020年2月6日

发布日期：2020年2月7日

2-13 关于支持新型冠状病毒感染的肺炎疫情防控有关税收征收管理事项的公告

国家税务总局公告2020年第4号

为支持新型冠状病毒感染的肺炎疫情防控工作，贯彻落实相关税收政策，现就税收征收管理有关事项公告如下：

一、疫情防控重点保障物资生产企业按照《财政部　税务总局关于支持新型冠状病毒感染的肺炎疫情防控有关税收政策的公告》（2020年第8号，以下简称“8号公告”）第二条规定，适用增值税增量留抵退税政策的，应当在增值税纳税申报期内，完成本期增值税纳税申报后，向主管税务机关申请退还增量留抵税额。

二、纳税人按照8号公告和《财政部　税务总局关于支持新型冠状病毒感染的肺炎疫情防控有关捐赠税收政策的公告》（2020年第9号，以下简称“9号公告”）有关规定享受免征增值税、消费税优惠的，可自主进行免税申报，无需办理有关免税备案手续，但应将相关证明材料留存备查。

适用免税政策的纳税人在办理增值税纳税申报时，应当填写增值税纳税申报表及《增值税减免税申报明细表》相应栏次；在办理消费税纳税申报时，应当填写消费税纳税申报表及《本期减（免）税额明细表》相应栏次。

三、纳税人按照8号公告和9号公告有关规定适用免征增值税政策的，不得开具增值税专用发票；已开具增值税专用发票的，应当开具对应红字发票或者作废原发票，再按规定适用免征增值税政策并开具普通发票。

纳税人在疫情防控期间已经开具增值税专用发票，按照本公告规定应当开具对应红字发票而未及时开具的，可以先适用免征增值税政策，对应红字发票应当于相关免征增值税政策执行到期后1个月内完成开具。

四、在本公告发布前，纳税人已将适用免税政策的销售额、销售数量，按照征税销售额、销售数量进行增值税、消费税纳税申报的，可以选择更正当期申报或者在下期申报时调整。已征应予免征的增值税、消费税税款，可以予以退还或者分别抵减纳税人以后应缴纳的增值税、消费税税款。

五、疫情防控期间，纳税人通过电子税务局或者标准版国际贸易“单一窗口”出口退税平台等（以下简称“网上”）提交电子数据后，即可申请办理出口退（免）税备案、备案变更和相关证明。税务机关受理上述退（免）税事项申请后，经核对电子数据无误的，即可办理备案、备案变更或者开具相关证明，并通过网上反馈方式及时将办理结果告知纳税人。纳税人需开具纸质证明的，税务机关可采取邮寄方式送达。确需到办税服务厅现场结清退（免）税款或者补缴税款的备案和证明事项，可通过预约办税等方式，分时分批前往税务机关办理。

六、疫情防控期间，纳税人的所有出口货物劳务、跨境应税行为，均可通过网上提交电子数据的方式申报出口退（免）税。税务机关受理申报后，经审核不存在涉嫌骗取出口退税等疑点的，即可办理出口退（免）税，并通过网上反馈方式及时将办理结果告知纳税人。

七、因疫情影响，纳税人未能在规定期限内申请开具相关证明或者申报出口退（免）税的，待收齐退（免）税凭证及相关电子信息后，即可向主管税务机关申请开具相关证明，或者申报办理退（免）税。

因疫情影响，纳税人无法在规定期限内收汇或办理不能收汇手续的，待收汇或办理不能收汇手续后，即可向主管税务机关申报办理退（免）税。

八、疫情防控结束后，纳税人应按照现行规定，向主管税务机关补报出口退（免）税应报送的纸质申报表、表单及相关资料。税务机关对补报的各项资料进行复核。

九、疫情防控重点保障物资生产企业按照8号公告第一条规定，适用一次性企业所得税税前扣除政策的，在优惠政策管理等方面参照《国家税务总局关于设备器具扣除有关企业所得税政策执行问题的公告》（2018年第46号）的规定执行。企业在纳税申报时将相关情况填入企业所得税纳税申报表“固定资产一次性扣除”行次。

十、受疫情影响较大的困难行业企业按照8号公告第四条规定，适用延长亏损结转年限政策的，应当在2020年度企业所得税汇算清缴时，通过电子税务局提交《适用延长亏损结转年限政策声明》（见附件）。

十一、纳税人适用8号公告有关规定享受免征增值税优惠的收入，相应免征城市维护建设税、教育费附加、地方教育附加。

十二、9号公告第一条所称“公益性社会组织”，是指依法取得公益性捐赠税前扣除资格的社会组织。

企业享受9号公告规定的全额税前扣除政策的，采取“自行判别、申报享受、相关资料留存备查”的方式，并将捐赠全额扣除情况填入企业所得税纳税申报表相应行次。个人享受9号公告规定的全额税前扣除政策的，按照《财政部　税务总局关于公益慈善事业捐赠个人所得税政策的公告》（2019年第99

号）有关规定执行；其中，适用9号公告第二条规定的，在办理个人所得税税前扣除、填写《个人所得税公益慈善事业捐赠扣除明细表》时，应当在备注栏注明“直接捐赠”。

企业和个人取得承担疫情防治任务的医院开具的捐赠接收函，作为税前扣除依据自行留存备查。

十三、本公告自发布之日施行。

特此公告。

国家税务总局

2020年2月10日

5. 对疫情防控重点保障物资生产企业全额退还增值税增量留抵税额

享受主体

疫情防控重点保障物资生产企业

优惠内容

自2020年1月1日起，疫情防控重点保障物资生产企业可以按月向主管税务机关申请全额退还增值税增量留抵税额。

增量留抵税额，是指与2019年12月底相比新增加的期末留抵税额。

疫情防控重点保障物资生产企业名单，由省级及以上发展改革部门、工业和信息化部门确定。

上述优惠政策的截止日期视疫情情况另行公告。

疫情防控重点保障物资生产企业适用增值税增量留抵退税政策的，应当在增值税纳税申报期内，完成本期增值税纳税申报后，向主管税务机关申请退还增量留抵税额。

政策依据

1.《关于支持新型冠状病毒感染的肺炎疫情防控有关税收政策的公告》（财政部　税务总局公告2020年第8号）（见延伸阅读2－12）

2.《关于支持新型冠状病毒感染的肺炎疫情防控有关税收征收管理事项的公告》（国家税务总局公告2020年第4号）（见延伸阅读2－13）

6. 对纳税人运输疫情防控重点保障物资取得的收入免征增值税

享受主体

提供运输疫情防控重点保障物资的纳税人

优惠内容

自2020年1月1日起，对纳税人运输疫情防控重点保障物资取得的收入，免征增值税。

疫情防控重点保障物资的具体范围，由国家发展改革委、工业和信息化部确定。

上述优惠政策的截止日期视疫情情况另行公告。

纳税人按有关规定享受免征增值税的，可自主进行免税申报，无需办理有关免税备案手续，但应将相关证明材料留存备查。适用免税政策的纳税人在办理增值税纳税申报时，应当填写增值税纳税申报表及《增值税减免税申报明细表》相应栏次；在办理消费税纳税申报时，应当填写消费税纳税申报表及《本期减（免）税额明细表》相应栏次。

纳税人按照有关规定适用免征增值税政策的，不得开具增值税专用发票；已开具增值税专用发票的，应当开具对应红字发票或者作废原发票，再按规定适用免征增值税政策并开具普通发票。

纳税人在疫情防控期间已经开具增值税专用发票，按照本公告规定应当开具对应红字发票而未及时开具的，可以先适用免征增值税政策，对应红字发票应当于相关免征增值税政策执行到期后1个月内完成开具。

政策依据

1.《关于支持新型冠状病毒感染的肺炎疫情防控有关税收政策的公告》（财政部 税务总局公告2020年第8号）（见延伸阅读2-12）

2.《关于支持新型冠状病毒感染的肺炎疫情防控有关税收征收管理事项的公告》（国家税务总局公告2020年第4号）（见延伸阅读2-13）

7. 纳税人提供公共交通运输服务、生活服务及居民必需生活物资快递收派服务取得的收入免征增值税

享受主体

提供公共交通运输服务、生活服务，以及为居民提供必需生活物资快递收派服务的纳税人

优惠内容

自2020年1月1日起，对纳税人提供公共交通运输服务、生活服务，以及为居民提供必需生活物资快递收派服务取得的收入，免征增值税。

公共交通运输服务的具体范围，按照《营业税改征增值税试点有关事项的规定》（财税〔2016〕36号印发）执行。

生活服务、快递收派服务的具体范围，按照《销售服务、无形资产、不动产注释》（财税〔2016〕36号印发）执行。

上述优惠政策的截止日期视疫情情况另行公告。

纳税人按有关规定享受免征增值税的，可自主进行免税申报，无需办理有关免税备案手续，但应将相关证明材料留存备

查。适用免税政策的纳税人在办理增值税纳税申报时，应当填写增值税纳税申报表及《增值税减免税申报明细表》相应栏次；在办理消费税纳税申报时，应当填写消费税纳税申报表及《本期减（免）税额明细表》相应栏次。

纳税人按照有关规定适用免征增值税政策的，不得开具增值税专用发票；已开具增值税专用发票的，应当开具对应红字发票或者作废原发票，再按规定适用免征增值税政策并开具普通发票。

纳税人在疫情防控期间已经开具增值税专用发票，按照本公告规定应当开具对应红字发票而未及时开具的，可以先适用免征增值税政策，对应红字发票应当于相关免征增值税政策执行到期后1个月内完成开具。

政策依据

1.《关于支持新型冠状病毒感染的肺炎疫情防控有关税收政策的公告》（财政部　税务总局公告2020年第8号）（见延伸阅读2－12）

2.《关于支持新型冠状病毒感染的肺炎疫情防控有关税收征收管理事项的公告》（国家税务总局公告2020年第4号）（见延伸阅读2－13）

三、关于复工复产

（一）促进个人就业的帮扶政策

1. 对个人的创业担保贷款予以贴息支持

享受主体

受疫情影响的且承担创业担保贷款的个人

优惠内容

感染新型肺炎的个人创业担保贷款可展期1年，继续享受财政贴息支持。

对受疫情影响暂时失去收入来源的个人，地方各级财政部门要会同有关方面在其申请创业担保贷款时优先给予支持。

政策依据

1.《关于进一步强化金融支持防控新型冠状病毒感染肺炎疫情的通知》（银发〔2020〕29号）（见延伸阅读2－4）

2.《关于支持金融强化服务 做好新型冠状病毒感染肺炎疫情防控工作的通知》（财金〔2020〕3号）（见延伸阅读2－6）

2. 加大创业担保贷款支持力度，优化自主创业环境

享受主体

自主创业群体

优惠内容

充分发挥创业投资促进“双创”和增加就业的独特作用，对带动就业能力强的创业投资企业予以引导基金扶持、政府项目对接等政策支持。加大创业担保贷款支持力度，扩大政策覆盖范围，优先支持受疫情影响的重点群体，对优质创业项目免除反担保要求。政府投资开发的孵化基地等创业载体应安排一定比例场地，免费向高校毕业生、农民工等重点群体提供。各类城市创优评先项目应将带动就业能力强的“小店经济”、步行街发展状况作为重要条件。

政策依据

《国务院办公厅关于应对新冠肺炎疫情影响强化稳就业举措的实施意见》（国办发〔2020〕6号）

延伸阅读

3－1 国务院办公厅关于应对新冠肺炎疫情影响强化稳就业举措的实施意见

国办发〔2020〕6 号

各省、自治区、直辖市人民政府，国务院各部委、各直属机构：

为深入贯彻习近平总书记关于统筹推进新冠肺炎疫情防控和经济社会发展工作的重要指示精神，加快恢复和稳定就业，经国务院同意，现提出如下意见：

一、更好实施就业优先政策

（一）推动企业复工复产。坚持分区分级精准防控，提高复工复产服务便利度，取消不合理审批，坚决纠正限制劳动者返岗的不合理规定。加快重大工程项目、出口重点企业开复工，以制造业、建筑业、物流业、公共服务业和农业生产等为突破口，全力以赴推动重点行业和低风险地区就业，循序渐进带动其他行业和地区就业。协调解决复工复产企业日常防护物资需求，督促其落实工作场所、食堂宿舍等防控措施。（发展改革委、工业和信息化部、交通运输部、卫生健康委按职责分工负责）

（二）加大减负稳岗力度。加快实施阶段性、有针对性的减税降费政策。加大失业保险稳岗返还，对不裁员或少裁员的中小微企业，返还标准最高可提至企业及其职工上年度缴纳失业保险费的 100%，湖北省可放宽到所有企业；对暂时生产经营困难且恢复有望、坚持不裁员或少裁员的参保企业，适当放宽其稳岗返还政策认定标准，重点向受疫情影响企业倾斜，返还标准可按不超过 6 个月的当地月人均失业保险金和参保职工人数确定，或按不超过 3 个月的企业及其职工应缴纳社会保险费确定。2020年6月底前，允许工程建设项目暂缓缴存农民工工资保证金，支付记录良好的企业可免缴。切实落实企业吸纳重点群体就业的定额税收减免、担保贷款及贴息、就业补贴等政策。加快实施阶段性减免、缓缴社会保险费政策，减免期间企业吸纳就业困难人员的社会保险补贴期限可顺延。（财政部、人力资源社会保障部、住房城乡建设部、交通运输部、水利部、人民银行、税务总局按职责分工负责）

（三）提升投资和产业带动就业能力。实施重大产业就业影响评估，明确重要产业规划带动就业目标，优先投资就业带动能力强、有利于农村劳动力就地就近就业和高校毕业生就业的产业。加快制定和完善引导相关产业向中西部地区转移的政策措施。对部分带动就业能力强、环境影响可控的项目，制定环评审批正面清单，加大环评“放管服”改革力度，审慎采取查封扣押、限产停产等措施。（发展改革委、人力资源社会保障部、生态环境部、商务部按职责分工负责）

（四）优化自主创业环境。深化“证照分离”改革，推进“照后减证”和简化审批，简化住所（经营场所）登记手续，申请人提交场所合法使用证明即可登记。充分发挥创业投资促进“双创”和增加就业的独特作用，对带动就业能力强的创业投资企业予以引导基金扶持、政府项目对接等政策支持。加大创业担保贷款支持力度，扩大政策覆盖范围，优先支持受疫情影响的重点群体，对优质创业项目免除反担保要求。政府投资开发的孵化基地等创业载体应安排一定比例场地，免费向高校毕业生、农民工等重点群体提供。各类城市创优评先项目应将带动就业能力强的“小店经济”、步行街发展状况作为重要条件。（发展改革委、工业和信息化部、财政部、人力资源社会

保障部、商务部、人民银行、市场监管总局、银保监会、全国妇联按职责分工负责）

（五）支持多渠道灵活就业。合理设定无固定经营场所摊贩管理模式，预留自由市场、摊点群等经营网点。支持劳动者依托平台就业，平台就业人员购置生产经营必需工具的，可申请创业担保贷款及贴息；引导平台企业放宽入驻条件、降低管理服务费，与平台就业人员就劳动报酬、工作时间、劳动保护等建立制度化、常态化沟通协调机制。取消灵活就业人员参加企业职工基本养老保险的省内城乡户籍限制，对就业困难人员、离校2年内未就业高校毕业生灵活就业后缴纳社会保险费的，按规定给予一定的社会保险补贴。（财政部、人力资源社会保障部、自然资源部、人民银行、市场监管总局按职责分工负责）

二、引导农民工安全有序转移就业

（六）引导有序外出就业。强化重点企业用工调度保障、农民工“点对点、一站式”返岗复工服务，推广健康信息互认等机制，提升对成规模集中返岗劳动者的输送保障能力。引导劳动者有序求职就业，及时收集发布用工信息，加强输出地和输入地信息对接，鼓励低风险地区农民工尽快返岗复工。对组织集中返岗、劳务输出涉及的交通运输、卫生防疫等给予支持。对人力资源服务机构、劳务经纪人开展跨区域有组织劳务输出的，给予就业创业服务补助。（公安部、财政部、人力资源社会保障部、交通运输部、卫生健康委按职责分工负责）

（七）支持就地就近就业。抓好春季农业生产，大力发展新型农业经营主体，组织暂时无法外出的农民工投入春耕备耕，从事特色养殖、精深加工、生态旅游等行业。在县城和中心镇建设一批城镇基础设施、公共服务设施，加强农业基础设施建设，实施农村人居环境改善工程，开展以工代赈工程建设，优先吸纳农村贫困劳动力和低收入群体就业。（发展改革委、人力资源社会保障部、交通运输部、农业农村部、卫生健康委按职责分工负责）

（八）优先支持贫困劳动力就业。企业复工复产、重大项目开工、物流体系建设等优先组织和使用贫困劳动力，鼓励企业更多招用贫困劳动力。支持扶贫龙头企业、扶贫车间尽快复工。利用公益性岗位提供更多就地就近就业机会，优先对贫困劳动力托底安置。加大对“三区三州”等深度贫困地区、52个未摘帽贫困县、易地扶贫搬迁大型安置区的支持力度。对吸纳贫困劳动力就业规模大的，各地可通过财政专项扶贫资金给予一次性奖励。（发展改革委、财政部、人力资源社会保障部、农业农村部、扶贫办按职责分工负责）

三、拓宽高校毕业生就业渠道

（九）扩大企业吸纳规模。对中小微企业招用毕业年度高校毕业生并签订1年以上劳动合同的，给予一次性吸纳就业补贴。国有企业今明两年连续扩大高校毕业生招聘规模，不得随意毁约，不得将本单位实习期限作为招聘入职的前提条件。（财政部、人力资源社会保障部、国资委、烟草局、邮政局等部门和企业按职责分工负责）

（十）扩大基层就业规模。各级事业单位空缺岗位今明两年提高专项招聘高校毕业生的比例。开发城乡社区等基层公共管理和社会服务岗位。扩大“三支一扶”计划等基层服务项目招募规模。出台改革措施，允许部分专业高校毕业生免试取得相关职业资格证书。畅通民营企业专业技术职称评审渠道。（教育部、民政部、财政部、人力资源社会保障部、农业农村

部按职责分工负责）

（十一）扩大招生入伍规模。扩大2020年硕士研究生招生和普通高校专升本招生规模。扩大大学生应征入伍规模，健全参军入伍激励政策，大力提高应届毕业生征集比例。（发展改革委、教育部、财政部、退役军人部、中央军委政治工作部、中央军委国防动员部按职责分工负责）

（十二）扩大就业见习规模。支持企业、政府投资项目、科研项目设立见习岗位。对因疫情影响见习暂时中断的，相应延长见习单位补贴期限。对见习期未满与高校毕业生签订劳动合同的，给予见习单位剩余期限见习补贴。（财政部、人力资源社会保障部、商务部、国资委、共青团中央按职责分工负责）

（十三）适当延迟录用接收。引导用人单位推迟面试体检和签约录取时间。对延迟离校的应届毕业生，相应延长报到接收、档案转递、落户办理时限。离校未就业毕业生可根据本人意愿，将户口、档案在学校保留2年或转入生源地公共就业人才服务机构，以应届毕业生身份参加用人单位考试、录用，落实工作单位后参照应届毕业生办理相关手续。（教育部、人力资源社会保障部、国资委按职责分工负责）

四、加强困难人员兜底保障

（十四）保障失业人员基本生活。畅通失业保险金申领渠道，放宽失业保险申领期限，2020年4月底前实现线上申领失业保险金。对领取失业保险金期满仍未就业的失业人员、不符合领取失业保险金条件的参保失业人员，发放6个月的失业补助金，标准不高于当地失业保险金的80%。对生活困难的失业人员及家庭，按规定及时纳入最低生活保障、临时救助等社会救助范围。（民政部、财政部、人力资源社会保障部按职责分

工负责）

（十五）强化困难人员就业援助。动态调整就业困难人员认定标准，及时将受疫情影响人员纳入就业援助范围，确保零就业家庭动态清零。对通过市场渠道确实难以就业的，利用公益性岗位托底安置。开发一批消杀防疫、保洁环卫等临时性公益岗位，根据工作任务和工作时间，给予一定的岗位补贴和社会保险补贴，补贴期限最长不超过6个月，所需资金可从就业补助资金中列支。（财政部、人力资源社会保障部、中国残联按职责分工负责）

（十六）加大对湖北等疫情严重地区就业支持。建立农资点对点保障运输绿色通道，支持湖北省组织农业生产。对湖北高校及湖北籍2020届高校毕业生给予一次性求职创业补贴，湖北省各级事业单位可面向湖北高校及湖北籍高校毕业生开展专项招聘，高校毕业生基层服务项目向湖北省倾斜。做好湖北省疫情解除后的就业工作，加大资金、政策、项目倾斜，开展专场招聘和专项帮扶。维护就业公平，坚决纠正针对疫情严重地区劳动者的就业歧视。（发展改革委、教育部、工业和信息化部、财政部、人力资源社会保障部、农业农村部按职责分工负责）

五、完善职业培训和就业服务

（十七）大规模开展职业技能培训。加大失业人员、农民工等职业技能培训力度，实施农民工等重点群体专项培训，适当延长培训时间。对企业组织职工参加线上线下培训，组织新招用农民工、高校毕业生参加岗前培训的，给予职业培训补贴。动态发布新职业，组织制定急需紧缺职业技能标准。（财政部、人力资源社会保障部按职责分工负责）

（十八）优化就业服务。2020年3月底前开放线上失业登记。推进在线办理就业服务和补贴申领。持续开展线上招聘服务，发挥公共就业服务机构、高校就业指导机构、经营性人力资源服务机构作用，加大岗位信息、职业指导、网上面试等服务供给。对大龄和低技能劳动者，通过电话、短信等方式推送岗位信息，提供求职、应聘等专门服务。低风险地区可有序开展小型专项供需对接活动。优化用工指导服务，鼓励困难企业与职工协商采取调整薪酬、轮岗轮休、灵活安排工作时间等方式稳定岗位，依法规范裁员行为。（教育部、财政部、人力资源社会保障部、全国总工会、全国工商联按职责分工负责）

六、压实就业工作责任

（十九）强化组织领导。各地区各有关部门要在确保疫情防控到位的前提下，毫不放松抓紧抓实抓细稳就业各项工作。县级以上地方政府要加快建立由政府负责人牵头的就业工作领导机制，压实工作责任，细化实化扶持政策。各有关部门要同向发力，围绕稳就业需要，落实完善政策措施，形成工作合力。要健全公共就业服务体系，加强基层公共就业服务能力建设，提升基本公共就业服务水平。（各有关部门和单位、各省级人民政府按职责分工负责）

（二十）加强资金保障。加大就业补助资金和稳岗补贴投入力度。支持市县政府根据稳就业工作推进和政策实施需要，统筹用好就业创业、职业培训、风险储备等方面资金。失业保险基金结余大的地区，要加速稳岗返还、保生活政策落地见效。（财政部、人力资源社会保障部、各省级人民政府按职责分工负责）

（二十一）强化表扬激励。持续开展就业工作表扬激励，完善激励办法，对落实稳就业政策措施工作力度大、促进重点群体就业创业等任务完成较好的地方，及时予以资金支持等方面的表扬激励。（人力资源社会保障部、财政部牵头，各有关部门和单位、各省级人民政府按职责分工负责）

（二十二）加强督促落实。细化分解目标任务，在相关督查工作中将稳就业作为重要内容，重点督促政策服务落地及重点群体就业、资金保障落实等。对不履行促进就业职责，产生严重后果或造成恶劣社会影响的，依法依规严肃问责。完善劳动力调查，研究建立省级调查失业率按月统计发布制度，启动就业岗位调查，做好化解失业风险的政策储备和应对预案。（人力资源社会保障部、统计局牵头，各有关部门和单位、各省级人民政府按职责分工负责）

上述新增补贴政策，受理截止期限为2020年12月31日。各地区各有关部门要抓紧政策实施，发挥政策最大效应，工作中遇到的重要情况和重大问题及时报告国务院。

国务院办公厅

2020年3月18日

发布日期：2020年3月20日

3. 支持多渠道灵活就业

享受主体

平台就业人员以及就业困难人员

优惠内容

一、支持劳动者依托平台就业，平台就业人员购置生产经营必需工具的，可申请创业担保贷款及贴息；引导平台企业放宽入驻条件、降低管理服务费，与平台就业人员就劳动报酬、工作时间、劳动保护等建立制度化、常态化沟通协调机制。

二、取消灵活就业人员参加企业职工基本养老保险的省内城乡户籍限制，对就业困难人员、给予一次性吸纳就业补贴。

政策依据

《国务院办公厅关于应对新冠肺炎疫情影响强化稳就业举措的实施意见》（国办发〔2020〕6号）（见延伸阅读3-1）

4. 加强就业困难人员兜底保障

享受主体

就业困难人员

优惠内容

一、畅通失业保险金申领渠道，放宽失业保险申领期限，2020年4月底前实现线上申领失业保险金。对领取失业保险金期满仍未就业的失业人员、不符合领取失业保险金条件的参保失业人员，发放6个月的失业补助金，标准不高于当地失业保险金的80%。对生活困难的失业人员及家庭，按规定及时纳入最低生活保障、临时救助等社会救助范围。

二、开发一批消杀防疫、保洁环卫等临时性公益岗位，根据工作任务和工作时间，给予一定的岗位补贴和社会保险补贴，补贴期限最长不超过6个月，所需资金可从就业补助资金中列支。

三、做好湖北省疫情解除后的就业工作，加大资金、政策、项目倾斜，开展专场招聘和专项帮扶。维护就业公平，坚决纠正针对疫情严重地区劳动者的就业歧视。

政策依据

《国务院办公厅关于应对新冠肺炎疫情影响强化稳就业举措的实施意见》（国办发〔2020〕6号）（见延伸阅读3-1）

5. 给予高校毕业生社会保险补贴和一次性求职创业补贴

享受主体

高校毕业生

优惠内容

一、对离校2年内未就业高校毕业生灵活就业后缴纳社会保险费的，按规定给予一定的社会保险补贴。

二、对湖北高校及湖北籍2020届高校毕业生给予一次性求职创业补贴，湖北省各级事业单位可面向湖北高校及湖北籍高校毕业生开展专项招聘，高校毕业生基层服务项目向湖北省倾斜。

政策依据

《国务院办公厅关于应对新冠肺炎疫情影响强化稳就业举措的实施意见》（国办发〔2020〕6号）（见延伸阅读3-1）

（二）支持相关企业或机构复工复产政策

1. 加大对受疫情影响企业的创业担保贷款贴息支持力度

享受主体

受疫情影响暂时失去收入来源的小微企业

优惠内容

继续加大对小微企业支持力度，要保持贷款增速，切实落实综合融资成本压降要求。对受疫情影响暂时失去收入来源的小微企业，地方各级财政部门要会同有关方面在其申请创业担保贷款时优先给予支持。

国家融资担保基金对于受疫情影响严重地区的政府性融资担保、再担保机构，减半收取再担保费。对于确无还款能力的小微企业，为其提供融资担保服务的各级政府性融资担保机构应及时履行代偿义务，视疫情影响情况适当延长追偿时限，符合核销条件的，按规定核销代偿损失。

政策依据

1.《关于进一步强化金融支持防控新型冠状病毒感染肺炎疫情的通知》（银发〔2020〕29号）（见延伸阅读2－4）

2.《关于支持金融强化服务 做好新型冠状病毒感染肺炎疫情防控工作的通知》（财金〔2020〕3号）（见延伸阅读2－6）

2. 受疫情影响较大的困难行业企业2020年度发生的亏损，最长结转年限延长至8年

享受主体

受疫情影响较大的困难行业企业

优惠内容

自2020年1月1日起，受疫情影响较大的困难行业企业2020年度发生的亏损，最长结转年限由5年延长至8年。

困难行业企业，包括交通运输、餐饮、住宿、旅游（指旅行社及相关服务、游览景区管理两类）四大类，具体判断标准按照现行《国民经济行业分类》执行。困难行业企业2020年度主营业务收入须占收入总额（剔除不征税收入和投资收益）的50%以上。

上述优惠政策的截止日期视疫情情况另行公告。

受疫情影响较大的困难行业企业按照8号公告第四条规定，适用延长亏损结转年限政策的，应当在2020年度企业所得税汇算清缴时，通过电子税务局提交《适用延长亏损结转年限政策声明》。

政策依据

1.《关于支持新型冠状病毒感染的肺炎疫情防控有关税收

政策的公告》（财政部 税务总局公告2020年第8号）（见延伸阅读2－12）

2.《关于支持新型冠状病毒感染的肺炎疫情防控有关税收征收管理事项的公告》（国家税务总局公告2020年第4号）（见延伸阅读2－13）

3. 减免农业适度规模经营主体的信贷担保费用

享受主体

农业适度规模经营主体

优惠内容

自2020年2月14日起至2020年12月底，国家农业信贷担保联盟有限责任公司对全国省级农担公司再担保业务减半收取再担保费用。各地要结合实际参照出台对政策性信贷担保业务担保费用的减免措施，降低受疫情影响较大的相关新型农业经营主体融资成本。

政策依据

1.《关于切实支持做好新冠肺炎疫情防控期间农产品稳产保供工作的通知》（财办农〔2020〕6号）

2.《关于进一步做好新型冠状病毒感染肺炎疫情防控经费保障工作的通知》（财办〔2020〕7号）（见延伸阅读2－2）

延伸阅读

3－2 关于切实支持做好新冠肺炎疫情防控期间农产品稳产保供工作的通知

财办农〔2020〕6号

各省、自治区、直辖市、计划单列市财政厅（局）、农业农村（农牧、畜牧兽医）厅（委、局），新疆生产建设兵团财政局、农业农村局：

为贯彻落实习近平总书记关于做好新冠肺炎疫情防控工作的重要指示批示精神，按照党中央、国务院关于做好新冠肺炎疫情防控期间农产品稳产保供工作的决策部署，中央财政决定出台有关措施，切实支持做好新冠肺炎疫情防控期间“菜篮子”等农产品稳产保供工作，坚决打赢新冠肺炎疫情防控阻击战，现将有关事项通知如下：

一、减免农业信贷担保相关费用

充分发挥全国农业信贷担保体系作用，促进解决农业适度规模经营主体融资难、融资贵问题，自即日起至2020年12月底，国家农业信贷担保联盟有限责任公司对全国省级农担公司再担保业务减半收取再担保费用。各地要结合实际参照出台对政策性信贷担保业务担保费用的减免措施，降低受疫情影响较大的相关新型农业经营主体融资成本。

二、尽快拨付农业生产救灾资金

目前正值春耕备耕和农作物重大病虫害防控关键时期，为做到防疫和生产两不误，中央财政将通过农业生产救灾资金，支持水稻、小麦等农作物重大病虫害和草地贪夜蛾防控，对湖北省适当倾斜并对其蔬菜病虫害防控适当支持。各相关省份要抓紧将救灾资金拨付到位，及时支持做好农作物重大病虫害防控等农业生产救灾工作，促进当地蔬菜稳产保供。

三、加大农产品冷藏保鲜支持力度

新冠肺炎疫情对家庭农场和农民合作社影响相对较重，各地要结合今年准备启动的农产品冷藏保鲜冷链物流设施建设，利用中央财政安排的农业生产发展资金，加大对家庭农场和农民合作社的支持力度，进一步实化细化支持内容，重点完善田间地头冷藏保鲜设施，不断增强农产品生产供给的弹性和抗风险能力。

四、中央财政农业生产发展等资金向疫情防控重点地区倾斜

考虑到疫情防控期间，湖北省等疫情防控重点地区任务较重，中央财政在测算分配2020年农业生产发展资金等转移支付时，将向湖北省等疫情防控重点地区倾斜，适当加大资金支持力度，促进恢复农业生产。

五、加大地方财政资金统筹力度

各地要按照落实“菜篮子”市长负责制等相关要求，加强资金统筹，着力支持做好春耕生产和重大动物疫病防控等工作。要密切关注农副产品市场供应，结合实际支持“菜篮子”产品生产企业改善安全防护措施，加快恢复生产，支持蔬菜规模化生产经营主体提升生产保供能力，及时采收在田成熟蔬菜，保证市场供应。

六、加强资金使用绩效管理

各地财政、农业农村部门要切实提高政治站位，强化责任担当，坚持公平公开，加快资金拨付进度，及时按规定将资金拨付到农户和农民合作社、农业企业等新型农业经营主体，缓解其资金压力，弥补因灾损失，严禁挤占、挪用、滞留资金。要提高资金分配使用的科学性、合理性，强化资金使用绩效管理，确保资金规范、安全和有效使用。资金安排使用中的重要情况和问题，要及时向财政部、农业农村部报告。

财政部办公厅　农业农村部办公厅

2020年2月14日

发布日期：2020年2月14日

4. 拨付农业生产救灾资金

享受主体

农户

优惠内容

中央财政将通过农业生产救灾资金，支持水稻、小麦等农作物重大病虫害和草地贪夜蛾防控，对湖北省适当倾斜并对其蔬菜病虫害防控适当支持。各相关省份要抓紧将救灾资金拨付到位，及时支持做好农作物重大病虫害防控等农业生产救灾工作，促进当地蔬菜稳产保供。

政策依据

1.《关于切实支持做好新冠肺炎疫情防控期间农产品稳产保供工作的通知》（财办农〔2020〕6号）（见延伸阅读3-2）

2.《关于进一步做好新型冠状病毒感染肺炎疫情防控经费保障工作的通知》（财办〔2020〕7号）（见延伸阅读2-2）

5. 加大农业生产发展资金支持力度

享受主体

家庭农场和农民合作社

优惠内容

新冠肺炎疫情对家庭农场和农民合作社影响相对较重，各地要结合今年准备启动的农产品冷藏保鲜冷链物流设施建设，利用中央财政安排的农业生产发展资金，加大对家庭农场和农民合作社的支持力度，进一步实化细化支持内容，重点完善田间地头冷藏保鲜设施，不断增强农产品生产供给的弹性和抗风险能力。

考虑到疫情防控期间，湖北省等疫情防控重点地区任务较重，中央财政在测算分配2020年农业生产发展资金等转移支付时，将向湖北省等疫情防控重点地区倾斜，适当加大资金支持力度，促进恢复农业生产。

政策依据

1.《关于切实支持做好新冠肺炎疫情防控期间农产品稳产保供工作的通知》（财办农〔2020〕6号）（见延伸阅读3－2）

2.《关于进一步做好新型冠状病毒感染肺炎疫情防控经费保障工作的通知》（财办〔2020〕7号）（见延伸阅读2－2）

6. 农产品供应链体系建设资金支持农产品保供工作

享受主体

家庭农场和农民合作社

优惠内容

用好农产品供应链体系建设资金，安排一定比例资金用于支持农产品保供工作，包括农产品流通企业承担保供任务时发生的运费、租金、保供储备、冷链、防疫以及供应链中断恢复过程中发生的相关费用补贴。

政策依据

《关于用好内外贸专项资金支持稳外贸稳外资促消费工作的通知》（商办财函〔2020〕98号）（见延伸阅读2－5）

7. 对扶贫龙头企业和合作社给予一次性生产补贴和贷款贴息支持

享受主体

扶贫龙头企业和合作社

优惠内容

创造条件鼓励贫困劳动力就业创业。对在疫情防控期间，努力克服疫情影响积极带动贫困户发展的扶贫龙头企业和合作社等带贫主体，可给予一次性生产补贴和贷款贴息支持。对在疫情防控中做出突出贡献、社会效益好的涉农企业和其他涉农组织，可优先支持其参与符合条件的脱贫攻坚项目，降低资金使用门槛，其在疫情防控期间的捐赠等投入视作减贫带贫效益。

政策依据

《关于积极应对新冠肺炎疫情影响　加强财政专项扶贫资金项目管理工作　确保全面如期完成脱贫攻坚目标任务的通知》(国开办发〔2020〕5号)

延伸阅读

3-3 关于积极应对新冠肺炎疫情影响　加强财政专项扶贫资金项目管理工作　确保全面如期完成脱贫攻坚目标任务的通知

国开办发〔2020〕5号

各省、自治区、直辖市扶贫办（局）、财政厅（局）：

为深入贯彻习近平总书记关于坚决打赢疫情防控阻击战的重要指示精神，认真落实党中央、国务院的统一部署，积极应对新冠肺炎疫情对脱贫攻坚的影响，确保脱贫攻坚全面胜利、圆满收官，现就疫情防控期间加强财政专项扶贫资金项目管理工作通知如下：

一、加快资金分配拨付。2020年中央财政将继续较大幅度增加专项扶贫资金规模，新增资金分配测算时向受疫情影响较重地区适当倾斜。各省（自治区、直辖市，以下简称省）要继续保障财政专项扶贫资金投入，在分配资金时结合实际对受疫情影响较重的市县给予倾斜支持，切实保障好这些地区脱贫攻坚资金需要，尽可能减少疫情对脱贫攻坚工作的影响。省级扶贫、财政部门要督促指导市县将提前下达的2020年中央财政专项扶贫资金和地方各级安排的扶贫资金及时分解落实到项目上，优先支持疫情防控相关的影响脱贫攻坚任务完成的扶贫项目。

二、调整和优化资金使用。各省可结合实际，按照精准施策的要求，研究制定针对受疫情影响较重地区脱贫攻坚的支持政策，在现有资金管理制度框架内，参考以下要求，允许县级因地制宜调整和优化资金使用要求。具体政策措施由省级扶贫、财政部门研究提出报省扶贫开发领导小组审定后实施。

一是重点向产业项目倾斜，结合实际加大对受疫情影响较大的产业扶贫项目生产、储存、运输、销售等环节的支持，解决“卖难”问题。支持贫困户恢复生产，开展生产自救，加大奖补力度。创造条件鼓励贫困劳动力就业创业。对在疫情防控期间，努力克服疫情影响积极带动贫困户发展的扶贫龙头企业和合作社等带贫主体，可给予一次性生产补贴和贷款贴息支持。对在疫情防控中做出突出贡献、社会效益好的涉农企业和其他涉农组织，可优先支持其参与符合条件的脱贫攻坚项目，降低资金使用门槛，其在疫情防控期间的捐赠等投入视作减贫带贫效益。

二是强化就业支持，适当安排财政专项扶贫资金用于组织稳定贫困人口就业岗位。对结合疫情防控需要，新增的保洁环卫、防疫消杀、巡查值守等临时岗位，优先安置贫困劳动力就业。落实好现行公益性岗位相关政策。对疫情防控期间复工复产的扶贫车间和当地企业、参与东西劳务协作的扶贫企业，依据吸纳贫困劳动力规模，按规定落实相关政策，有条件地区可加大支持力度。疫情防控期间外出务工的贫困劳动力按规定给予交通和生活费补助，有条件地区可加大奖补力度。

三是全力保障贫困群众基本生活。对罹患新冠肺炎、集中或居家隔离、无法外出务工、无法开展基本生产、收入受到重大影响等生活陷入困境的建档立卡贫困群众和因疫致贫返贫农民群众，应按现有支持渠道及时落实好针对性帮扶措施，确保基本生活不受影响。

三、完善县级脱贫攻坚项目库建设。针对疫情影响，做好项目库动态调整，及时优化年度项目实施计划，对因疫情致贫急需实施的项目，对符合疫情防控需要和脱贫攻坚政策的项目，对有利于增加贫困户收入的项目，优先入库，优先安排资金支持。根据防控工作需要，适当优化项目入库、公告公示流程或具体组织实施方式。防控期间加强线上工作，做好项目库清理规范和信息完善补录等工作，加强对市县项目库的分析应用，提高项目库建设质量。

四、保障年度扶贫项目实施。抗击疫情期间，具备开工条件的扶贫项目要及时开工建设。暂时不能开工的，要积极采取措施，运用现代化技术手段开展扶贫项目设计、评审等项目实施前期各项准备工作。属于政府采购的项目，进一步优化采购流程，加快采购进度，确保项目早开工实施见效。

五、强化资金监督管理。认真对照财政专项扶贫资金相关管理制度从严管理资金，确保资金精准使用，体现脱贫成效。省级要指导市县加强资金使用管理，明确流程、标准和监督等要求，突出绩效导向，实行全过程绩效管理。落实资金项目公开公示制度要求，主动接受各方面监督。

各省要充分认识当前疫情防控形势下做好脱贫攻坚工作的紧迫性，着力抓好工作衔接和组织协调，切实把各项工作抓实抓细，进一步提高财政专项扶贫资金安排使用和项目管理水平，助力受疫情影响贫困群众实现稳定脱贫，确保如期打赢脱贫攻坚战。

国务院扶贫办　财政部

2020 年 2 月 17 日

发布日期：2020 年 2 月 18 日

8. 财政专项扶贫资金支持扶贫企业尽快复工

享受主体

扶贫企业

优惠内容

一、对结合疫情防控需要，新增的保洁环卫、防疫消杀、巡查值守等临时岗位，优先安置贫困劳动力就业。落实好现行公益性岗位相关政策。对疫情防控期间复工复产的扶贫车间和当地企业、参与东西劳务协作的扶贫企业，依据吸纳贫困劳动力规模，按规定落实相关政策，有条件地区可加大支持力度。疫情防控期间外出务工的贫困劳动力按规定给予交通和生活费补助，有条件地区可加大奖补力度。

二、企业复工复产、重大项目开工、物流体系建设等优先组织和使用贫困劳动力，鼓励企业更多招用贫困劳动力。支持扶贫龙头企业、扶贫车间尽快复工。利用公益性岗位提供更多就地就近就业机会，优先对贫困劳动力托底安置。加大对“三区三州”等深度贫困地区、52 个未摘帽贫困县、易地扶贫搬迁大型安置区的支持力度。对吸纳贫困劳动力就业规模大的，各地可通过财政专项扶贫资金给予一次性奖励。

政策依据

1.《关于积极应对新冠肺炎疫情影响　加强财政专项扶贫资金项目管理工作　确保全面如期完成脱贫攻坚目标任务的通知》（国开办发〔2020〕5 号）（见延伸阅读 3 –3）

2.《国务院办公厅关于应对新冠肺炎疫情影响强化稳就业举措的实施意见》（国办发〔2020〕6 号）（见延伸阅读 3 –1）

9. 给予企业一次性吸纳就业补贴和见习补贴

享受主体

为高校毕业生提供就业和见习岗位的企业、政府投资项目、科研项目等

优惠内容

一、对中小微企业招用毕业年度高校毕业生并签订1年以上劳动合同的，给予一次性吸纳就业补贴。

二、支持企业、政府投资项目、科研项目设立见习岗位。对因疫情影响见习暂时中断的，相应延长见习单位补贴期限。对见习期未满与高校毕业生签订劳动合同的，给予见习单位剩余期限见习补贴。

政策依据

《国务院办公厅关于应对新冠肺炎疫情影响强化稳就业举措的实施意见》（国办发〔2020〕6号）（见延伸阅读3－1）

10. 阶段性减免企业社会保险费

享受主体

符合相关规定的各类企业

优惠内容

一是，自2020年2月起，各省、自治区、直辖市及新疆生产建设兵团可根据受疫情影响情况和基金承受能力，免征中小微企业三项社会保险单位缴费部分，免征期限不超过5个月；对大型企业等其他参保单位（不含机关事业单位）三项社会保险单位缴费部分可减半征收，减征期限不超过3个月。自2020年2月起，湖北省可免征各类参保单位（不含机关事业单位）三项社会保险单位缴费部分，免征期限不超过5个月。受疫情影响生产经营出现严重困难的企业，可申请缓缴社会保险费，

缓缴期限原则上不超过6个月，缓缴期间免收滞纳金。

二是，2020年企业职工基本养老保险基金中央调剂比例提高到4%，加大对困难地区的支持力度。

三是，加大失业保险稳岗返还，对不裁员或少裁员的中小微企业，返还标准最高可提至企业及其职工上年度缴纳失业保险费的100%，湖北省可放宽到所有企业；对暂时生产经营困难且恢复有望、坚持不裁员或少裁员的参保企业，适当放宽其稳岗返还政策认定标准，重点向受疫情影响企业倾斜，返还标准可按不超过6个月的当地月人均失业保险金和参保职工人数确定，或按不超过3个月的企业及其职工应缴纳社会保险费确定。

四是，2020年6月底前，允许工程建设项目暂缓缴存农民工工资保证金，支付记录良好的企业可免缴。切实落实企业吸纳重点群体就业的定额税收减免、担保贷款及贴息、就业补贴等政策。加快实施阶段性减免、缓缴社会保险费政策，减免期间企业吸纳就业困难人员的社会保险补贴期限可顺延。

政策依据

1.《关于阶段性减免企业社会保险费的通知》（人社部发〔2020〕11号）

2.《国务院办公厅关于应对新冠肺炎疫情影响强化稳就业举措的实施意见》（国办发〔2020〕6号）（见延伸阅读3－1）

延伸阅读

3－4 关于阶段性减免企业社会保险费的通知

人社部发〔2020〕11号

各省、自治区、直辖市人民政府，新疆生产建设兵团：

为贯彻落实习近平总书记关于新冠肺炎疫情防控工作的重

要指示精神，纾解企业困难，推动企业有序复工复产，支持稳定和扩大就业，根据社会保险法有关规定，经国务院同意，现就阶段性减免企业基本养老保险、失业保险、工伤保险（以下简称三项社会保险）单位缴费部分有关问题通知如下：

一、自2020年2月起，各省、自治区、直辖市（除湖北省外）及新疆生产建设兵团（以下统称省）可根据受疫情影响情况和基金承受能力，免征中小微企业三项社会保险单位缴费部分，免征期限不超过5个月；对大型企业等其他参保单位（不含机关事业单位）三项社会保险单位缴费部分可减半征收，减征期限不超过3个月。

二、自2020年2月起，湖北省可免征各类参保单位（不含机关事业单位）三项社会保险单位缴费部分，免征期限不超过5个月。

三、受疫情影响生产经营出现严重困难的企业，可申请缓缴社会保险费，缓缴期限原则上不超过6个月，缓缴期间免收滞纳金。

四、各省根据工业和信息化部、统计局、发展改革委、财政部《关于印发中小企业划型标准规定的通知》（工信部联企业〔2011〕300号）等有关规定，结合本省实际确定减免企业对象，并加强部门间信息共享，不增加企业事务性负担。

五、要确保参保人员社会保险权益不受影响，企业要依法履行好代扣代缴职工个人缴费的义务，社保经办机构要做好个人权益记录工作。

六、各省级政府要切实承担主体责任，确保各项社会保险待遇按时足额支付。加快推进养老保险省级统筹，确保年底前实现基金省级统收统支。2020年企业职工基本养老保险基金中央调剂比例提高到4%，加大对困难地区的支持力度。

七、各省要结合当地实际，按照本通知规定的减免范围和减免时限执行，规范和加强基金管理，不得自行出台其他减收增支政策。各省可根据减免情况，合理调整2020年基金收入预算。

各省要提高认识，切实加强组织领导，统筹做好疫情防控和经济社会发展工作，抓紧制定具体实施办法，尽快兑现减免政策。各省印发的具体实施办法于3月5日前报人力资源社会保障部、财政部、税务总局备案。各级人力资源社会保障、财政、税务部门要会同相关部门，切实履行职责，加强沟通配合，全力做好疫情防控期间企业社会保险工作，确保企业社会保险费减免等各项政策措施落实到位。

人力资源社会保障部　财政部　税务总局

2020年2月20日

发布日期：2020年2月24日

11. 加大对个体工商户的资金支持

享受主体

个体工商户

优惠内容

各地要加强与金融机构的对接，对受疫情影响严重、到期还款困难以及暂时失去收入来源的个体工商户，灵活调整还款安排，合理延长贷款期限，不得盲目抽贷、断贷、压贷。引导金融机构增加3000亿元低息贷款，定向支持个体工商户。

政策依据

《关于应对疫情影响加大对个体工商户扶持力度的指导意见》（国市监注〔2020〕38号）

延伸阅读

3-5 关于应对疫情影响加大对个体工商户扶持力度的指导意见

国市监注〔2020〕38号

各省、自治区、直辖市人民政府，新疆生产建设兵团：

个体工商户在繁荣市场经济、扩大社会就业、方便群众生活、维护社会和谐稳定等方面发挥着重要作用。为认真贯彻落实习近平总书记关于统筹推进新冠肺炎疫情防控和经济社会发展工作的重要指示精神，按照党中央、国务院决策部署，帮助个体工商户应对疫情影响、尽快有序复工复产、稳定扩大就业，经国务院同意，现提出如下指导意见：

一、帮助个体工商户尽快有序复工复产

（一）分类有序推动复工复产。各地要严格落实分区分级精准复工复产要求，分业态分形式有序推动个体工商户复工复产。对于实体批发零售类、餐饮类、居民服务类、交通运输类等涉及群众基本生活保障行业的个体工商户，要结合本地疫情防控实际，有序解除复工复产禁止性规定。涉及人员聚集的文化娱乐、教育培训等行业，应结合实际，适时明确复工复产时间。符合各地复工复产规定的个体工商户，无需批准即可依法依规开展经营活动。

（二）保障用工和物流需求。各地要认真落实国务院应对新型冠状病毒感染肺炎疫情联防联控机制印发的《企事业单位复工复产疫情防控措施指南》，保证符合复工复产防疫安全标准规定的人员及时上岗。要采取措施，尽快完善灵活就业政策，促进快递等行业尽快复工复产，稳定快递末端网点，保障物流畅通。要发挥电子商务类平台企业作用，为线上线下个体工商户特别是生鲜类经营者提供供需对接信息资源服务。

二、降低个体工商户经营成本

（三）加大资金支持力度。各地要加强与金融机构的对接，对受疫情影响严重、到期还款困难以及暂时失去收入来源的个体工商户，灵活调整还款安排，合理延长贷款期限，不得盲目抽贷、断贷、压贷。引导金融机构增加3000亿元低息贷款，定向支持个体工商户。

（四）减免社保费用。有雇工的个体工商户以单位方式参加企业职工养老保险、失业保险、工伤保险的，参照《人力资源社会保障部　财政部　税务总局关于阶段性减免企业社会保险费的通知》（人社部发〔2020〕11号）中的企业办法享受单位缴费减免和缓缴政策。个体工商户以个人身份自愿参加企业职工基本养老保险或居民养老保险的，可在年内按规定自主选择缴费基数（档次）和缴费时间。对受疫情影响无法按时办理参保登记的个体工商户，允许其在疫情结束后补办登记，不影响参保人员待遇。

（五）实行税费减免。在继续执行公共交通运输服务、生活服务以及为居民提供必需生活物资快递收派服务收入免征增值税政策的同时，自2020年3月1日至5月31日，免征湖北省境内增值税小规模纳税人（含个体工商户和小微企业，下同）增值税，其他地区小规模纳税人征收率由3%降为1%。对疫情期间为个体工商户减免租金的大型商务楼宇、商场、市场和产业园区等出租方，当年缴纳房产税、城镇土地使用税确有困难的，可申请困难减免。政府机关所属事业单位、国有企业法人性质的产品质量检验检测机构、认证认可机构，减免个体工商户疫情期间的相关检验检测和认证认可费用。

（六）减免个体工商户房租。对承租行政事业单位房屋资产、政府创办创业园、孵化园、商品交易市场、创业基地和国有企业出租的经营用房的个体工商户，鼓励各地结合实际情况进行租金减免。承租其他经营用房或摊位的，各地可以结合实际出台相关优惠、奖励和补贴政策，鼓励业主为租户减免租金。

三、方便个体工商户进入市场

（七）为个体工商户提供便捷高效的服务。全面推广个体工商户全程网上办理登记服务，简化登记流程。对于从事餐饮、零售等行业的个体工商户，要做好营业执照登记与许可审批的衔接，帮助经营者尽快开展经营活动。个体工商户可将年报时间延长至2020年年底前。

（八）进一步释放经营场所资源。各地要统筹考虑城乡综合管理需要和个体工商户创业就业的现实需求，尽快建立完善个体工商户经营场所负面清单管理制度，及时向社会公布本地区禁止登记经营的场所区域和限制性条件清单。

（九）依法对个体经营者豁免登记。对销售农副产品、日常生活用品或者个人利用自己的技能从事依法无须取得许可的便民劳务活动的个体经营者，特别是在疫情期间从事群众基本生活保障的零售业个体经营者，各地要进一步拓宽其活动的场所和时间，依法予以豁免登记。

四、加大对个体工商户的服务力度

（十）保障个体工商户电气供应。2020年上半年，对受疫情影响无力足额缴纳电、气费用的个体工商户，实行“欠费不停供”措施。商贸流通、餐饮食品、旅游住宿、交通运输等行业个体工商户用电、用气价格按照相关部门出台的阶段性降低用电、用气成本的政策执行。

（十一）发挥工商联以及个体劳动者协会等社团组织作用。充分发挥工商联以及个体劳动者协会等各类社团组织的桥梁纽带作用，通过开展维权保障、宣传教育、培训学习、经贸交流、困难帮扶、公益活动等举措为个体工商户提供服务、排忧解难。

（十二）鼓励互联网平台发挥作用。鼓励互联网平台对个体工商户放宽入驻条件、降低平台服务费、支持线上经营。帮助个体工商户运用移动支付、应用软件等服务，拓展运营新模式。发挥平台机构信用信息优势作用，联合互联网银行、中小银行，帮助个体工商户拓展融资渠道，提供定期免息或低息贷款。地方政府可对帮扶效果好的电子商务类平台企业予以财政资金支持。

市场监管总局　发展改革委　财政部

人力资源社会保障部　商务部　人民银行

2020 年 2 月 28 日

发布日期：2020 年 2 月 28 日

12. 减免个体工商户的社保费用和租金

享受主体

个体工商户

优惠内容

有雇工的个体工商户以单位方式参加企业职工养老保险、失业保险、工伤保险的，参照《人力资源社会保障部　财政部　税务总局关于阶段性减免企业社会保险费的通知》（人社部发

〔2020〕11 号）中的企业办法享受单位缴费减免和缓缴政策。个体工商户以个人身份自愿参加企业职工基本养老保险或居民养老保险的，可在年内按规定自主选择缴费基数（档次）和缴费时间。对受疫情影响无法按时办理参保登记的个体工商户，允许其在疫情结束后补办登记，不影响参保人员待遇。

对承租行政事业单位房屋资产、政府创办创业园、孵化园、商品交易市场、创业基地和国有企业出租的经营用房的个体工商户，鼓励各地结合实际情况进行租金减免。承租其他经营用房或摊位的，各地可以结合实际出台相关优惠、奖励和补贴政策，鼓励业主为租户减免租金。

政策依据

1.《关于阶段性减免企业社会保险费的通知》（人社部发〔2020〕11 号）（见延伸阅读 3－4）

2.《关于应对疫情影响加大对个体工商户扶持力度的指导意见》（国市监注〔2020〕38 号）（见延伸阅读 3－5）

13. 对小规模纳税人减免税费

享受主体

小规模纳税人

优惠内容

自 2020 年 3 月 1 日至 5 月 31 日，对湖北省增值税小规模纳税人，适用 3% 征收率的应税销售收入，免征增值税；适用 3% 预征率的预缴增值税项目，暂停预缴增值税。除湖北省外，其他省、自治区、直辖市的增值税小规模纳税人，适用 3% 征收率的应税销售收入，减按 1% 征收率征收增值税；适用 3% 预征率的预缴增值税项目，减按 1% 预征率预缴增值税。

增值税小规模纳税人取得应税销售收入，纳税义务发生时间在2020年2月底以前，适用3%征收率征收增值税的，按照3%征收率开具增值税发票；纳税义务发生时间在2020年3月1日至5月31日，适用减按1%征收率征收增值税的，按照1%征收率开具增值税发票。

对疫情期间为个体工商户减免租金的大型商务楼宇、商场、市场和产业园区等出租方，当年缴纳房产税、城镇土地使用税确有困难的，可申请困难减免。

政府机关所属事业单位、国有企业法人性质的产品质量检验检测机构、认证认可机构，减免个体工商户疫情期间的相关检验检测和认证认可费用。

政策依据

1.《关于应对疫情影响加大对个体工商户扶持力度的指导意见》（国市监注〔2020〕38号）（见延伸阅读3-5）

2.《关于支持个体工商户复工复业增值税政策的公告》（财政部　税务总局公告2020年第13号）

3.《关于支持个体工商户复工复业等税收征收管理事项的公告》（国家税务总局公告2020年第5号）

延伸阅读

3-6 关于支持个体工商户复工复业增值税政策的公告

财政部　税务总局公告2020年第13号

为支持广大个体工商户在做好新冠肺炎疫情防控同时加快复工复业，现就有关增值税政策公告如下：

自2020年3月1日至5月31日，对湖北省增值税小规模纳税人，适用3%征收率的应税销售收入，免征增值税；适用3%预征率的预缴增值税项目，暂停预缴增值税。除湖北省外，其他省、自治区、直辖市的增值税小规模纳税人，适用3%征收率的应税销售收入，减按1%征收率征收增值税；适用3%预征率的预缴增值税项目，减按1%预征率预缴增值税。

特此公告。

财政部　税务总局

2020年2月28日

发布日期：2020年2月29日

3-7 关于支持个体工商户复工复业等税收征收管理事项的公告

国家税务总局公告2020年第5号

为统筹推进新冠肺炎疫情防控和经济社会发展工作，支持个体工商户复工复业，贯彻落实相关税收政策，现就有关税收征收管理事项公告如下：

一、增值税小规模纳税人取得应税销售收入，纳税义务发生时间在2020年2月底以前，适用3%征收率征收增值税的，按照3%征收率开具增值税发票；纳税义务发生时间在2020年3月1日至5月31日，适用减按1%征收率征收增值税的，按照1%征收率开具增值税发票。

二、增值税小规模纳税人按照《财政部　税务总局关于支持个体工商户复工复业增值税政策的公告》（2020年第13号，以下简称“13号公告”）有关规定，减按1%征收率征收增值税的，按下列公式计算销售额：

销售额=含税销售额/(1+1%)

三、增值税小规模纳税人在办理增值税纳税申报时，按照13号公告有关规定，免征增值税的销售额等项目应当填写在

《增值税纳税申报表（小规模纳税人适用）》及《增值税减免税申报明细表》免税项目相应栏次；减按1%征收率征收增值税的销售额应当填写在《增值税纳税申报表（小规模纳税人适用）》“应征增值税不含税销售额（3%征收率）”相应栏次，对应减征的增值税应纳税额按销售额的2%计算填写在《增值税纳税申报表（小规模纳税人适用）》“本期应纳税额减征额”及《增值税减免税申报明细表》减税项目相应栏次。

《增值税纳税申报表（小规模纳税人适用）附列资料》第8栏“不含税销售额”计算公式调整为：第8栏=第7栏÷(1+征收率)。

四、增值税小规模纳税人取得应税销售收入，纳税义务发生时间在2020年2月底以前，已按3%征收率开具增值税发票，发生销售折让、中止或者退回等情形需要开具红字发票的，按照3%征收率开具红字发票；开票有误需要重新开具的，应按照3%征收率开具红字发票，再重新开具正确的蓝字发票。

五、自2020年3月1日至5月31日，对湖北省境内的个体工商户、个人独资企业和合伙企业，代开货物运输服务增值税发票时，暂不预征个人所得税；对其他地区的上述纳税人统一按代开发票金额的0.5%预征个人所得税。

六、已放弃适用出口退（免）税政策未满36个月的纳税人，在出口货物劳务的增值税税率或出口退税率发生变化后，可以向主管税务机关声明，对其自发生变化之日起的全部出口货物劳务，恢复适用出口退（免）税政策。

出口货物劳务的增值税税率或出口退税率在本公告施行之日前发生变化的，已放弃适用出口退（免）税政策的纳税人，无论是否已恢复退（免）税，均可以向主管税务机关声明，对其自2019年4月1日起的全部出口货物劳务，恢复适用出口退（免）税政策。

符合上述规定的纳税人，可在增值税税率或出口退税率发生变化之日起［自2019年4月1日起恢复适用出口退（免）税政策的，自本公告施行之日起］的任意增值税纳税申报期内，按照现行规定申报出口退（免）税，同时一并提交《恢复适用出口退（免）税政策声明》（详见附件）。

七、本公告自2020年3月1日起施行。

特此公告。

国家税务总局

2020年2月29日

发布日期：2020年2月29日

14. 免征民航发展基金

享受主体

航空公司

优惠内容

自2020年1月1日起，免征航空公司应缴纳的民航发展基金。

上述优惠政策的截止日期视疫情情况另行公告。

政策依据

《关于新型冠状病毒感染的肺炎疫情防控期间免征部分行政事业性收费和政府性基金的公告》（财政部　国家发展改革委公告2020年第11号）（见延伸阅读2－11）

15. 对中外航空运输企业予以资金支持

享受主体

执飞往返我境内航点（不含港澳台地区）与境外航点间的

国际定期客运航班的中外航空公司，以及按照国务院联防联控机制部署执行重大运输飞行任务的航空公司

优惠内容

对疫情期间不停航和复航的国际航班给予奖励，并向独飞航班进行倾斜。奖励标准分成两档：共飞航班每座公里 0.0176 元，独飞航班每座公里 0.0528 元。奖励金额按照疫情防控期间航空公司实际执行航班可供座公里和本通知规定的标准进行核定。

采用据实结算方式，根据民航局委托的中介机构审计确认的执行重大任务实际运输成本对的航空公司给予适当补助。

政策依据

《关于民航运输企业新冠肺炎疫情防控期间资金支持政策的通知》（财建〔2020〕30 号）

延伸阅读

3－8 关于民航运输企业新冠肺炎疫情防控期间资金支持政策的通知

财建〔2020〕30 号

各省、自治区、直辖市、计划单列市财政厅（局），新疆生产建设兵团财政局，民航各地区管理局，各运输航空公司：

为积极应对新冠肺炎疫情对民航业的影响，鼓励国际航线不停航，引导已停航的国际航线复航，支持航空运输企业抗击疫情，在新冠肺炎疫情防控期间，对中外航空运输企业中央财政安排资金予以支持。现将有关事项通知如下：

一、支持对象

疫情防控期间，中央财政对执飞往返我境内航点（不含港澳台地区）与境外航点间的国际定期客运航班的中外航空公

司，以及按照国务院联防联控机制部署执行重大运输飞行任务的航空公司给予资金支持。

二、支持标准

（一）国际定期客运航班。

1. 对疫情期间不停航和复航的国际航班给予奖励，并向独飞航班进行倾斜。

2. 奖励标准分成两档：共飞航班每座公里 0.0176 元，独飞航班每座公里 0.0528 元。

3. 奖励金额按照疫情防控期间航空公司实际执行航班可供座公里和本通知规定的标准进行核定。

4. 涉及境内、境外航点串飞或第五业务权的航线班次，按涉及我方航点国际航段数量计算。

5. 涉及独飞航段的，如有第二家承运人开航（或复航），则按共飞航班标准进行核定。

（二）重大运输飞行任务。

采用据实结算方式，即在疫情结束后，根据民航局委托的中介机构审计确认的执行重大任务实际运输成本给予适当补助。

三、申报审核程序

（一）申请国际航线支持政策的航空公司应于每月 7 日前向民航局、财政部提出申请，并提供执飞航线、班次、机型、可供座公里、物资清单以及有关成本和收入数据等相关材料。外国航空公司同时还需提供接收资金银行账户的具体信息。除中国航空集团公司、中国东方航空集团公司、中国南方航空集团公司以外的其他国内航空公司，应同时将申请文件和相关资料抄送企业注册所在地的民航地区管理局和省级财政部门。申请重大运输飞行任务支持政策的航空公司，在疫情结束后，按上述程序向民航局、财政部提出申请。

（二）民航局根据有关数据，对航空公司申请文件及相关材料进行审核，将审核结果报送财政部。

（三）财政部根据民航局审核情况和相关标准向有关企业和地方拨付资金，其中：中国航空集团公司、中国东方航空集团公司、中国南方航空集团公司的资金列入中央企业本级预算，由财政部直接拨付；其他国内航空公司的资金通过中央对地方转移支付方式下达，由地方财政部门负责拨付；外国航空公司的资金纳入民航局部门预算，由民航局负责转拨。资金支付按照国库集中支付有关规定执行。

（四）各航空公司应对申报材料的真实性和准确性负责，任何单位不得截留、挪用支持资金。审核中发现虚报、瞒报的，将取消该公司申请资格；对于违反国家法律、行政法规和有关规定的单位和个人，将严格按照《中华人民共和国预算法》、《财政违法行为处罚处分条例》等予以处理。

四、其他事项

（一）港澳台地区航线航班参照执行。

（二）对于通航企业执行的疫情防控任务按照《民航局 财政部关于印发〈通用航空发展专项资金管理暂行办法〉的通知》（民航发〔2012〕111号）有关规定执行。

（三）政策执行期限为2020年1月23日至2020年6月30日。

财政部　民航局

2020年3月4日

发布日期：2020年3月5日

16. 降低融资担保再担保机构的相关费用

享受主体

受疫情影响严重地区的融资担保再担保机构

优惠内容

各级政府性融资担保再担保机构应取消反担保要求，降低担保和再担保费。对受疫情影响严重地区的融资担保再担保机构，国家融资担保基金减半收取再担保费。

政策依据

《关于进一步强化金融支持防控新型冠状病毒感染肺炎疫情的通知》（银发〔2020〕29号）（见延伸阅读2－4）

17. 外经贸发展专项资金向受疫情影响较大的外经贸领域予以倾斜

享受主体

受疫情影响较大的外经贸领域的相关企业

优惠内容

一是对有订单有市场的企业确因疫情增加的相关费用给予适当支持。在符合相关规定前提下，引导加大信贷保险支持，以政银保合作等方式加大贸易融资支持。加大对中小外贸企业的扶持力度，在同等条件下，适度向中小外贸企业，特别是向受疫情影响较大的中小外贸企业倾斜。

二是充分发挥对外开放平台引资作用，支持国家级经开区、自贸试验区、边境经济合作区和跨境经济合作区建设。健全外商投资促进公共服务体系，建立重点企业联系制度，创新企业服务方式。

三是引导企业有序开展对外投资合作。支持中西部和东北地区承接加工贸易，优化国内产业布局。

政策依据

《关于用好内外贸专项资金支持稳外贸稳外资促消费工作的通知》（商办财函〔2020〕98号）（见延伸阅读2－5）

（三）延长纳税期限

1. 延长2020年2月申报纳税期限

享受主体

纳税申报人

优惠内容

对按月申报的纳税人、扣缴义务人，在全国范围内将2020年2月份的法定申报纳税期限延长至2月24日；湖北等疫情严重地区可以视情况再适当延长，具体时间由省税务局确定并报税务总局备案；纳税人、扣缴义务人受疫情影响，在2020年2月份申报纳税期限延长后，办理仍有困难的，还可依法申请进一步延期。与此同时，各地税务机关要提前采取相应措施，确保申报纳税期限延长后，纳税人的税控设备能够正常使用，增值税发票能够正常领用和开具。

政策依据

《关于优化纳税缴费服务配合做好新型冠状病毒感染肺炎疫情防控工作的通知》（税总函〔2020〕19号）

延伸阅读

3－9 关于优化纳税缴费服务配合做好新型冠状病毒感染肺炎疫情防控工作的通知

税总函〔2020〕19号

国家税务总局各省、自治区、直辖市和计划单列市税务局，国家税务总局驻各地特派员办事处，局内各单位：

为坚决贯彻落实党中央、国务院决策部署，全力做好新型冠状病毒感染的肺炎疫情防控工作，切实加强纳税人、缴费人办税缴费的安全防护，确保相关工作平稳有序开展，现就有关事项通知如下：

一、严格落实疫情防控工作的各项要求。各地税务机关要本着把人民群众生命安全和身体健康放在第一位的态度，深入学习贯彻习近平总书记一系列重要指示精神，全面落实党中央、国务院决策部署，根据地方党委政府的统一安排，积极配合有关部门做好本单位特别是办税缴费服务场所的疫情防控工作。要严格按照地方党委政府对政务服务中心等窗口单位的具体要求，制定本地区办税缴费服务场所疫情防控工作方案。

二、根据疫情防控需要延长申报纳税期限。对按月申报的纳税人、扣缴义务人，在全国范围内将2020年2月份的法定申报纳税期限延长至2月24日；湖北等疫情严重地区可以视情况再适当延长，具体时间由省税务局确定并报税务总局备案；纳税人、扣缴义务人受疫情影响，在2020年2月份申报纳税期限延长后，办理仍有困难的，还可依法申请进一步延期。与此同时，各地税务机关要提前采取相应措施，确保申报纳税期限延长后，纳税人的税控设备能够正常使用，增值税发票能够正常领用和开具。

三、积极拓展“非接触式”办税缴费服务。各地税务机关要按照“尽可能网上办”的原则，全面梳理网上办税缴费事项，并向纳税人、缴费人提示办理渠道和相关流程，积极引导通过电子税务局、手机App、自助办税终端等渠道办理税费业务，力争实现95%以上的企业纳税人、缴费人网上申报。大力倡导纳税人采用“网上申领、邮寄配送”或自助终端办理的方式领用和代开发票。对纳税人、缴费人在办税缴费过程中遇到的个性化问题和需求，税务机关要通过12366纳税服务热线、微信、视频等多种渠道，第一时间给予准确耐心细致解答。对于确需到办税缴费服务场所办理业务的，税务机关要通过主动预约服务，为纳税人、缴费人在征期后期分时分批错峰办理提供便利，千方百计降低疫情传播风险。

四、着力营造安全高效的办税缴费环境。要严格按照疫情防控工作要求，认真做好室内通风、卫生检测、清洁消毒等工作，加强对一线工作人员的关心关爱，配备必要的防护用品。要严格执行办税缴费服务场所局领导值班制度，落实好导税服务、首问责任等制度，方便纳税人、缴费人快捷办理相关业务。要加强应急管理，提前制定预案，确保及时化解和处置各类风险隐患及突发情况，疫情严重地区要提前安排好办税缴费备用场所。要充分发挥广大共产党员的先锋模范作用，合理调配人员尤其是党员干部充实到办税缴费服务中来，让党旗在防控疫情斗争第一线高高飘扬。

各地税务机关要以适当方式将申报纳税期限调整等情况及时告知纳税人、缴费人，如遇重要事项及时上报。

国家税务总局
2020年1月30日
发布日期：2020年1月30日

2. 进一步延长申报纳税期限

享受主体

纳税申报人

优惠内容

对按月申报的纳税人，除湖北省外，纳税申报期限进一步延至2月28日。受疫情影响，到2月28日仍无法办理纳税申报或延期申报的纳税人，可在及时向税务机关书面说明正当理由后，补办延期申报手续并同时办理纳税申报。税务机关依法对其不加收税款滞纳金、不给予行政处罚、不调整纳税信用评价、不认定为非正常户。

疫情严重地区，对缴纳车辆购置税等按次申报纳税的纳税人、扣缴义务人，因疫情原因不能按规定期限办理纳税申报的，可以延期办理。

对受疫情影响生产经营发生严重困难的企业特别是小微企业，税务机关要依法及时核准其延期缴纳税款申请，积极帮助企业缓解资金压力。

对生产和销售医疗救治设备、检测仪器、防护用品、消杀制剂、药品等疫情防控重点保障物资以及对此类物资提供运输服务的纳税人，申请增值税发票“增版”“增量”的，可暂按需调整其发票领用数量和最高开票限额，不需事前实地查验。除发生税收违法行为等情形外，不得因疫情期间纳税人生产经营情况发生变化而降低其增值税发票领用数量和最高开票限额。

政策依据

1.《关于进一步延长2020年2月份纳税申报期限有关事项的通知》（税总函〔2020〕27号）

2.《关于充分发挥税收职能作用　助力打赢疫情防控阻击战若干措施的通知》（税总发〔2020〕14号）

延伸阅读

3－10 关于进一步延长 2020 年 2 月份纳税申报期限有关事项的通知

税总函〔2020〕27 号

国家税务总局各省、自治区、直辖市和计划单列市税务局，国家税务总局驻各地特派员办事处，局内各单位：

为进一步支持疫情防控工作和企业复工复产，便利纳税人、扣缴义务人（以下简称纳税人）统筹办理纳税申报事项，税务总局决定再次延长 2020 年 2 月份纳税申报期限，现将有关事项通知如下：

一、对按月申报的纳税人，除湖北省外，纳税申报期限进一步延至 2 月 28 日（星期五）。

二、受疫情影响到 2 月 28 日仍无法办理纳税申报或延期申报的纳税人，可在及时向税务机关书面说明正当理由后，补办延期申报手续并同时办理纳税申报。税务机关依法对其不加收税款滞纳金、不给予行政处罚、不调整纳税信用评价、不认定为非正常户。纳税人应对其书面说明的正当理由的真实性负责。

三、各省税务机关结合实际情况，进一步明确补办延期申报手续的时限，优化办理流程。执行中遇到的问题，请及时向税务总局（征管科技司）报告。

国家税务总局

2020 年 2 月 17 日

3－11 关于充分发挥税收职能作用　助力打赢疫情防控阻击战若干措施的通知

税总发〔2020〕14号

国家税务总局各省、自治区、直辖市和计划单列市税务局，局内各单位：

为深入贯彻习近平总书记关于新冠肺炎疫情防控工作的一系列重要指示批示精神，全面落实党中央、国务院决策部署，充分发挥税收职能作用，助力打赢疫情防控阻击战，促进经济社会平稳健康发展，现提出如下措施：

一、认真落实税收优惠政策，助力疫情防控和企业复产扩能

（一）不折不扣落实支持疫情防控的税收优惠政策。坚决扛牢落实支持疫情防控税收政策的政治责任，对2020年2月1日和2月6日新出台涉及“六税”“两费”的十二项政策以及地方在法定权限范围内出台的政策，及时优化调整信息系统，加大内部培训力度，简化办理操作程序，尽量采取网上线上方式向纳税人、缴费人开展政策宣传辅导，积极加强与发改、工信等部门沟通，确保政策简明易行好操作，让纳税人、缴费人及时全面懂政策、会申报，实现应享尽享、应享快享。对其他税收优惠政策特别是国家实施的更大规模减税降费政策措施也要进一步落实落细，巩固和拓展政策实施成效。

（二）编制支持疫情防控的税收优惠政策指引。税务总局编制发布《新冠肺炎疫情防控税收优惠政策指引》，便利纳税人、缴费人更好地了解掌握相关政策和征管规定。各级税务机关要对照政策指引逐项加大落实力度，确保全面精准落地。

（三）切实加强税收政策执行情况的监督评估。通过绩效考评和专项督查等方式，加强对支持疫情防控税收优惠政策执

行情况的督促检查，严明纪律要求，确保政策执行不打折扣。加强政策运行情况的统计核算和跟踪分析，积极研究提出改进完善的意见建议。

二、深入拓展“非接触式”办税缴费，切实降低疫情传播风险

（四）明确网上办税缴费事项。税务总局梳理和发布涉税事项网上办理清单。各地税务机关要积极告知纳税人、缴费人凡是清单之内的事项均可足不出户、网上办理，不得自行要求纳税人、缴费人到办税服务厅或政务服务大厅办理清单列明的相关业务。

（五）拓展网上办税缴费范围。各地税务机关要按照“尽可能网上办”的原则，在税务总局发布清单的基础上，结合本地实际，积极拓展丰富网上办税缴费事项，实现更多业务从办税服务厅向网上转移，进一步提高网上办理率。

（六）优化网上办税缴费平台。加强电子税务局、手机 App 等办税缴费平台的运行维护和应用管理，确保系统安全稳定。优化电子税务局与增值税发票综合服务平台对接的相关应用功能，进一步方便纳税人网上办理发票业务。拓展通过电子税务局移动端利用第三方支付渠道缴纳税费业务，为纳税人、缴费人提供更多的“掌上办税”便利。

（七）强化线上税费咨询服务。增强 12366 纳税服务热线咨询力量配备，确保接线通畅、解答准确、服务优质。制作疫情防控税收热点问题答疑，及时向纳税人、缴费人推送。积极借助 12366 纳税服务平台、主流直播平台等，通过视频、语音、文字等形式与纳税人、缴费人进行实时互动交流，及时回应社会关切。

（八）丰富多元化非接触办理方式。各地税务机关在拓展网上线上办税缴费服务的同时，要积极为纳税人、缴费人提供

其他非接触式办税缴费渠道。不断拓宽“网上申领、邮寄配送”发票、无纸化方式申报出口退（免）税以及通过传真、邮寄、电子方式送达资料等业务范围，扩大非接触办税缴费覆盖面。

三、大力优化现场办税缴费服务，营造安全高效便捷的办理环境

（九）确保安全办理。严格做好办税缴费服务场所（包括自助办税终端区域）的体温检测、室内通风、卫生防疫、清洁消毒等工作，在做好一线工作人员安全防护的同时，主动为纳税人、缴费人提供纸巾、洗手液等基本防护用品。科学规划办税服务厅进出路线和功能区域设置，保持人员之间安全距离。积极争取当地卫生防疫部门的支持，出现紧急情况及时妥善处理。对办税缴费服务场所的安全防护措施，以适当方式明确告知纳税人、缴费人，确保安心放心办税缴费。

（十）加强引导办理。增强办税服务厅导税和咨询力量配置，严格落实首问责任制，进一步做好对纳税人、缴费人办税缴费的引导服务，最大限度提高办理效率、压缩办理时间，确保“放心进大厅、事情快捷办”。

（十一）开辟直通办理。对生产、销售和运输疫情防控重点保障物资的纳税人、缴费人，提供办税缴费绿色通道服务，第一时间为其办理税费事宜，全力支持疫情防控重点物资稳产保供。

（十二）拓展预约办理。全面梳理分析辖区内纳税人、缴费人办税缴费情况，主动问需，主动对接。对确需到办税服务厅办理业务的，主动提供预约服务，合理安排办理时间。办税服务厅每天要根据人员流量情况和业务紧急程度，及时加强与纳税人、缴费人的电话、微信联系沟通，提示其错峰办理，千

方百计减少人员集聚。

（十三）推行容缺办理。对纳税人、缴费人到办税服务厅办理涉税事宜，提供的相关资料不齐全但不影响实质性审核的，经纳税人、缴费人作出书面补正承诺后，可暂缓提交纸质资料，按正常程序为其办理。

四、积极调整税收管理措施，帮助受疫情影响的企业纾困解难

（十四）依法延长申报纳税期限。在延长2月份申报纳税期限的基础上，对受疫情影响办理申报仍有困难的纳税人，可依法申请进一步延期。疫情严重地区，对缴纳车辆购置税等按次申报纳税的纳税人、扣缴义务人，因疫情原因不能按规定期限办理纳税申报的，可以延期办理。

（十五）依法办理延期缴纳税款。对受疫情影响生产经营发生严重困难的企业特别是小微企业，税务机关要依法及时核准其延期缴纳税款申请，积极帮助企业缓解资金压力。

（十六）切实保障发票供应。对生产和销售医疗救治设备、检测仪器、防护用品、消杀制剂、药品等疫情防控重点保障物资以及对此类物资提供运输服务的纳税人，申请增值税发票"增版""增量"的，可暂按需调整其发票领用数量和最高开票限额，不需事前实地查验。除发生税收违法行为等情形外，不得因疫情期间纳税人生产经营情况发生变化而降低其增值税发票领用数量和最高开票限额。

（十七）优化税务执法方式。进一步落实"无风险不检查、无批准不进户、无违法不停票"的要求，坚持以案头分析为主，充分发挥大数据优势，深入推进"互联网+监管"。在疫情防控期间，减少或推迟直接入户检查，对需要到纳税人生产

经营所在地进行现场调查核实的事项，可经本级税务机关负责人确认，延至疫情得到控制或结束后办理；对确需在办税服务厅实名办税的人员，通过核验登记证件、身份证件等方式进行验证，暂不要求进行“刷脸”验证；对借疫情防控之机骗取税收优惠或虚开骗税等涉税违法行为，要坚决依法查处。

（十八）依法加强权益保障。对受疫情影响逾期申报或逾期报送相关资料的纳税人，免予行政处罚，相关记录不纳入纳税信用评价；对逾期未申报的纳税人，暂不按现行规定认定非正常户。对行政复议申请人因受疫情影响耽误法定申请期限的，申请期限自影响消除之日起继续计算；对不能参加行政复议听证等情形，税务机关依法中止审理，待疫情影响消除后及时恢复。

各级税务机关要以高度的思想自觉、政治自觉和行动自觉，深入学习贯彻习近平总书记关于疫情防控工作的一系列重要指示批示精神，坚决落实党中央、国务院的决策部署，按照税务总局的要求和地方党委、政府的安排，在切实加强自身防控的同时，充分发挥税务部门职能作用，不折不扣落实各项税收优惠政策，积极主动优化办税缴费服务，为坚决打赢疫情防控阻击战贡献税务力量。上述一些临时性调整的措施实施期限视疫情情况另行通知。在此期间，要加强对各项措施执行情况的监督检查，对落实不力造成不良影响的，严肃追究有关单位和人员的责任。各地工作中的经验做法和意见建议，要及时向税务总局报告。

国家税务总局
2020 年 2 月 10 日
发布日期：2020 年 2 月 10 日

3. 延长2020年3月纳税申报期限

享受主体

纳税申报人

优惠内容

对按月申报的纳税人，在全国范围内将纳税申报期限由3月16日延长至3月23日；对3月23日仍处于疫情防控一级响应的地区，可再适当延长纳税申报期限，由省税务局依法按规定明确适用范围和截止日期。

纳税人受疫情影响，在2020年3月份纳税申报期限内办理申报仍有困难的，可以依法向税务机关申请办理延期申报。

政策依据

《关于延长2020年3月纳税申报期限有关事项的通知》（税总函〔2020〕37号）

延伸阅读

3-12 关于延长2020年3月纳税申报期限有关事项的通知

税总函〔2020〕37号

国家税务总局各省、自治区、直辖市和计划单列市税务局，国家税务总局驻各地特派员办事处，局内各单位：

为进一步支持疫情防控和企业复工复产，便利纳税人、扣缴义务人（以下简称纳税人）办理纳税申报事宜，税务总局决定延长2020年3月份纳税申报期限，现将有关事项通知如下：

一、对按月申报的纳税人，在全国范围内将纳税申报期限由3月16日延长至3月23日；对3月23日仍处于疫情防控一级响应的地区，可再适当延长纳税申报期限，由省税务局依法按规定明确适用范围和截止日期。

二、纳税人受疫情影响，在2020年3月份纳税申报期限内办理申报仍有困难的，可以依法向税务机关申请办理延期申报。

各地税务机关要认真遵照执行，遇到问题请及时向税务总局（征管和科技发展司）报告。

国家税务总局

2020 年 3 月 3 日

发文日期：2020 年 3 月 3 日

四、关于公益捐赠

1. 通过公益性社会组织或国家机关捐赠应对疫情的现金和物品，允许企业所得税或个人所得税税前全额扣除

享受主体

通过公益性社会组织或者国家机关进行公益捐赠的企业和个人

优惠内容

自 2020 年 1 月 1 日起，企业和个人通过公益性社会组织或者县级以上人民政府及其部门等国家机关，捐赠用于应对新型冠状病毒感染的肺炎疫情的现金和物品，允许在计算应纳税所得额时全额扣除。

上述优惠政策的截止日期视疫情情况另行公告。

政策依据

1.《关于支持新型冠状病毒感染的肺炎疫情防控有关捐赠税收政策的公告》（财政部　税务总局公告 2020 年第 9 号）

2.《关于支持新型冠状病毒感染的肺炎疫情防控有关税收

征收管理事项的公告》（国家税务总局公告2020年第4号）（见延伸阅读2-13）

延伸阅读

4-1 关于支持新型冠状病毒感染的肺炎疫情防控有关捐赠税收政策的公告

财政部　税务总局公告2020年第9号

为支持新型冠状病毒感染的肺炎疫情防控工作，现就有关捐赠税收政策公告如下：

一、企业和个人通过公益性社会组织或者县级以上人民政府及其部门等国家机关，捐赠用于应对新型冠状病毒感染的肺炎疫情的现金和物品，允许在计算应纳税所得额时全额扣除。

二、企业和个人直接向承担疫情防治任务的医院捐赠用于应对新型冠状病毒感染的肺炎疫情的物品，允许在计算应纳税所得额时全额扣除。

捐赠人凭承担疫情防治任务的医院开具的捐赠接收函办理税前扣除事宜。

三、单位和个体工商户将自产、委托加工或购买的货物，通过公益性社会组织和县级以上人民政府及其部门等国家机关，或者直接向承担疫情防治任务的医院，无偿捐赠用于应对新型冠状病毒感染的肺炎疫情的，免征增值税、消费税、城市维护建设税、教育费附加、地方教育附加。

四、国家机关、公益性社会组织和承担疫情防治任务的医院接受的捐赠，应专项用于应对新型冠状病毒感染的肺炎疫情工作，不得挪作他用。

五、本公告自2020年1月1日起施行，截止日期视疫情情况另行公告。

财政部　税务总局

2020 年 2 月 6 日

发布日期：2020 年 2 月 7 日

2. 直接向承担疫情防治任务的医院捐赠应对疫情物品，允许企业所得税或个人所得税税前全额扣除

享受主体

直接向承担疫情防治任务的医院捐赠用于应对疫情物品的企业和个人

优惠内容

自 2020 年 1 月 1 日起，企业和个人直接向承担疫情防治任务的医院捐赠用于应对新型冠状病毒感染的肺炎疫情的物品，允许在计算应纳税所得额时全额扣除。

捐赠人凭承担疫情防治任务的医院开具的捐赠接收函办理税前扣除事宜。

上述优惠政策的截止日期视疫情情况另行公告。

政策依据

1.《关于支持新型冠状病毒感染的肺炎疫情防控有关捐赠税收政策的公告》（财政部　税务总局公告 2020 年第 9 号）(见延伸阅读 4－1)

2.《关于支持新型冠状病毒感染的肺炎疫情防控有关税收征收管理事项的公告》（国家税务总局公告 2020 年第 4 号）(见延伸阅读 2－13)

3. 无偿捐赠用于应对疫情的货物，免征增值税、消费税、城市维护建设税、教育费附加、地方教育附加

享受主体

通过公益性社会组织或者国家机关无偿捐赠的单位和个体工商户

优惠内容

自2020年1月1日起，单位和个体工商户将自产、委托加工或购买的货物，通过公益性社会组织和县级以上人民政府及其部门等国家机关，或者直接向承担疫情防治任务的医院，无偿捐赠用于应对新型冠状病毒感染的肺炎疫情的，免征增值税、消费税、城市维护建设税、教育费附加、地方教育附加。

上述优惠政策的截止日期视疫情情况另行公告。

政策依据

1.《关于支持新型冠状病毒感染的肺炎疫情防控有关捐赠税收政策的公告》（财政部　税务总局公告2020年第9号）（见延伸阅读4－1）

2.《关于支持新型冠状病毒感染的肺炎疫情防控有关税收征收管理事项的公告》（国家税务总局公告2020年第4号）（见延伸阅读2－13）

五、关于经费保障

（一）针对个人的经费保障政策

1. 资助患病家庭经济困难学生

享受主体

受到疫情影响的家庭经济困难学生

优惠内容

对受到疫情影响的家庭经济困难学生，应及时对其予以资助。在本人或家人感染疫病的家庭经济困难学生入校后，各校要根据其家庭经济困难程度，在国家资助的基础上，使用学校按事业收入或学费收入一定比例提取的学生资助基金，采取减免学费或临时生活补助等方式，保障他们的正常学习生活。

政策依据

《关于做好新型冠状病毒感染肺炎疫情防控期间学生资助工作的通知》（教财司函〔2020〕30号）

延伸阅读

5-1 关于做好新型冠状病毒感染肺炎疫情防控期间学生资助工作的通知

教财司函〔2020〕30号

各省、自治区、直辖市教育厅（教委）、财政厅（局），各计划单列市教育局、财政局，新疆生产建设兵团教育局、财政局，各中央部门所属高等学校：

近期正值新型冠状病毒感染肺炎疫情防控的关键时期，为深入贯彻习近平总书记重要指示精神，落实中央应对疫情工作领导小组会议部署，切实保障家庭经济困难学生基本学习生活需求，全面助力打赢疫情防控阻击战，现就做好疫情防控期间学生资助工作有关要求通知如下：

一、高度重视疫情防控期间学生资助工作。做好疫情防控期间学生资助工作，保障家庭经济困难学生的基本学习生活需求，是学生资助战线全面参与打赢疫情防控阻击战的重要内容，是全面贯彻中央有关决策部署的具体体现。各地各校学生资助管理部门要高度重视，既要按照统一要求，落实好疫情防控相关职责，也要加强组织领导，制定周密方案，全面谋划和部署好新学期学生资助的各项工作。

二、积极资助患病家庭经济困难学生。各地各校学生资助管理部门要根据有关部门及学校掌握的疫情信息，及时了解本地本校家庭经济困难学生的身体和生活等情况。要重点聚焦疫情严重地区、贫困地区、农村地区、边远地区，重点关注建档立卡、低保、特困救助供养、残疾等特殊困难学生群体。对受到疫情影响的家庭经济困难学生，应及时对其予以资助。在本人或家人感染疫病的家庭经济困难学生入校后，各校要根据其家庭经济困难程度，在国家资助的基础上，使用学校按事业收入或学费收入一定比例提取的学生资助基金，采取减免学费或临时生活补助等方式，保障他们的正常学习生活。

三、全面落实好各项学生资助政策。疫情防控期间，各地各校要妥善安排好寒假留校家庭经济困难学生的生活和学习。各地各校应充分考虑疫情期间家庭经济困难学生的实际需求，及时足额发放国家助学金等资助资金，帮助他们顺利度过疫情难关。对于已经毕业且处于还款期的国家助学贷款借款学生，在疫情防控期间因受疫情影响不能正常还本付息的，按《中国人民银行　财政部　银保监会　证监会　外汇局关于进一步强化金融支持防控新型冠状病毒感染肺炎疫情的通知》（银发〔2020〕29号）精神，可合理延后还款期限；如因患新型冠状病毒感染肺炎失去还款能力的，要协调经办银行启动救助机制，为其办理代偿应还本息相关手续，减轻他们的还款压力。

教育部财务司　财政部科教和文化司

2020年2月6日

发布日期：2020年2月12日

2. 保障事业单位人员工资待遇

享受主体

事业单位人员

优惠内容

在疫情防控期间，因地制宜向承担防控任务重、风险程度高的医疗卫生机构核增一次性绩效工资总量，不作为绩效工资总量基数，所需经费通过现行渠道安排，疫情结束后不再执行。

对新型冠状病毒肺炎患者、疑似病人、密切接触者在其隔离治疗期间或医学观察期间以及因政府实施隔离措施或采取其他紧急措施导致不能提供正常劳动的事业单位工作人员，在此期间的工资、福利待遇由其所属单位按出勤对待。

政策依据

《关于新型冠状病毒肺炎疫情防控期间事业单位人员有关工资待遇问题的通知》（人社部发〔2020〕9号）

延伸阅读

5－2 关于新型冠状病毒肺炎疫情防控期间事业单位人员有关工资待遇问题的通知

人社部发〔2020〕9号

各省、自治区、直辖市及新疆生产建设兵团人力资源社会保障厅（局）、财政厅（局），中央和国家机关各部委、各直属机构人事、财务部门：

为贯彻落实习近平总书记关于新型冠状病毒肺炎疫情防控工作的重要指示精神，保障打赢疫情防控阻击战，现就疫情防控期间事业单位人员有关工资待遇问题通知如下：

一、在疫情防控期间，各级人力资源社会保障、财政部门要在当地党委、政府领导下，根据承担新型冠状病毒肺炎疫情防治工作任务情况，因地制宜向承担防控任务重、风险程度高的医疗卫生机构核增一次性绩效工资总量，不作为绩效工资总量基数，所需经费通过现行渠道安排，疫情结束后不再执行。要及时指导有关单位在内部分配时，向敢于担当、勇挑重担、加班加点参加疫情防控的一线工作人员特别是作出突出成绩的人员倾斜。

二、为促进有效实施隔离和医学观察等预防控制措施，根据《中华人民共和国传染病防治法》有关规定，对新型冠状病毒肺炎患者、疑似病人、密切接触者在其隔离治疗期间或医学观察期间以及因政府实施隔离措施或采取其他紧急措施导致不能提供正常劳动的事业单位工作人员，在此期间的工资、福利待遇由其所属单位按出勤对待。

三、各级人力资源社会保障、财政部门要高度重视疫情防控期间事业单位工作人员尤其是医疗卫生工作人员的工资待遇问题，加大对有关地区、部门和单位的指导督促力度，并及时做好政策解释。相关单位要认真执行政策，确保落实到位，强化政策效果，全力支持疫情防控，促进打赢这场疫情防控阻击战。

人力资源社会保障部　财政部

2020 年 2 月 11 日

发布日期：2020 年 2 月 17 日

3. 中央财政补助医务人员和防疫工作者

享受主体

医务人员和防疫工作者

优惠内容

一是，在新型冠状病毒肺炎预防和救治工作中，医护及相关工作人员因履行工作职责，感染新型冠状病毒肺炎或因感染新型冠状病毒肺炎死亡的，应认定为工伤，依法享受工伤保险待遇。已参加工伤保险的上述工作人员发生的相关费用，由工伤保险基金和单位按工伤保险有关规定支付；未参加工伤保险的，由用人单位按照法定标准支付，财政补助单位因此发生的费用，由同级财政予以补助。

二是，对于直接接触待排查病例或确诊病例，诊断、治疗、护理、医院感染控制、病例标本采集和病原检测等工作相关人员，中央财政按照每人每天 300 元予以补助；对于参加疫情防控的其他医务人员和防疫工作者，中央财政按照每人每天 200 元予以补助。补助资金由地方先行垫付，中央财政与地方据实结算。中央级医疗卫生机构按照属地化管理，中央财政补助资金拨付地方后由地方财政统一分配。

一线医务人员领取临时性工作补助的天数，按其直接接触确诊或疑似病例、标本（含尸体解剖）的天数计算对在重症危重症患者病区工作的一线医务人员，按实际工作天数的 1.5 倍计算应发工作天数。对在集中隔离观察点工作的一线医务人员，按发现确诊病例的当日计算工作天数。

疫情防控期间，将湖北省（含援鄂医疗队，下同）一线医务人员临时性工作补助相应标准提高 1 倍，并确保发放到位，中央财政对湖北省全额补助；及时核增医疗卫生机构一次性绩效工资总量，将湖北省一线医务人员薪酬水平提高 2 倍；扩大卫生防疫津贴发放范围，确保覆盖全体一线医务人员，所需经费按现行渠道解决。

三是，按照人力资源社会保障部、财政部《关于调整卫生防疫津贴标准的通知》（人社部发〔2020〕13 号）规定执行。卫生防疫津贴执行范围，在疫情防控期间扩大到全体一线医务人员，在疫情结束后恢复至文件规定范围。

四是，一线医务人员在轮休、隔离期间，工资福利待遇按出勤对待，原正常发放的基本工资、岗位津贴（含卫生防疫津贴)、绩效工资继续执行。不得将一线医务人员轮休、隔离天数计入本人带薪年休假假期，不得向轮休的一线医务人员安排工作任务。

五是，援鄂医务人员往返湖北省的交通费用，由组派单位同级财政承担；受援地负责安排好援鄂医务人员的衣食住行等生活保障，所需费用由受援地承担；受援地负责统计援鄂医务人员的临时性工作补助有关工作量，由派出省份单列报送国家卫生健康委。补助经费由派出地财政部门按照规定垫付，中央财政据实结算。此前已由受援地发放部分，派出地不再重复发放。地方自行出台的其他有关援鄂医务人员待遇政策，由出台政策的地方负责落实并负担费用。

加强政策宣传解释和辅导，确保参与疫情防控的医务及相关人员“应享尽享”救助补助或经费保障政策，确保个人尽享财税支持政策，及时获得资金支持。

政策依据

1.《关于因履行工作职责感染新型冠状病毒肺炎的医护及相关工作人员有关保障问题的通知》(人社部函〔2020〕11 号)

2.《关于新型冠状病毒感染肺炎疫情防控有关经费保障政策的通知》(财社〔2020〕2 号)

3.《国务院办公厅转发国家卫生健康委、人力资源社会保

障部、财政部关于改善一线医务人员工作条件切实关心医务人员身心健康若干措施的通知》（国办发〔2020〕4号）

4.《关于加强新冠肺炎疫情防控财税政策落实和财政资金监管工作的通知》（财办〔2020〕11号）

5.《关于进一步做好新型冠状病毒感染肺炎疫情防控经费保障工作的通知》（财办〔2020〕7号）（见延伸阅读2－2）

6.《关于新型冠状病毒肺炎疫情防控期间事业单位人员有关工资待遇问题的通知》（人社部发〔2020〕9号）（见延伸阅读5－2）

7.《关于全面落实进一步保护关心爱护医务人员若干措施的通知》（国发明电〔2020〕5号）

8.《关于调整卫生防疫津贴标准的通知》（人社部发〔2020〕13号）

9.《国务院应对新型冠状病毒感染肺炎疫情联防联控机制关于聚焦一线贯彻落实保护关心爱护医务人员措施的通知》（国发明电〔2020〕10号）

10.《关于做好中央派遣支援湖北省新冠肺炎疫情防控工作医务人员生活保障的通知》（国卫办财务发〔2020〕3号）

延伸阅读

5－3 关于因履行工作职责感染新型冠状病毒肺炎的医护及相关工作人员有关保障问题的通知

人社部函〔2020〕11号

各省、自治区、直辖市及新疆生产建设兵团人力资源社会保障厅（局）、财政厅（局）、卫生健康委：

为做好新型冠状病毒肺炎疫情防治工作，保障防治人员的权益，现就在此次新型冠状病毒肺炎预防和救治工作中，因履行工作职责而感染新型冠状病毒肺炎的医护及相关工作人员的有关保障问题通知如下：

在新型冠状病毒肺炎预防和救治工作中，医护及相关工作人员因履行工作职责，感染新型冠状病毒肺炎或因感染新型冠状病毒肺炎死亡的，应认定为工伤，依法享受工伤保险待遇。

已参加工伤保险的上述工作人员发生的相关费用，由工伤保险基金和单位按工伤保险有关规定支付；未参加工伤保险的，由用人单位按照法定标准支付，财政补助单位因此发生的费用，由同级财政予以补助。

各级人力资源社会保障、财政、卫生健康行政部门要密切配合，搞好服务，及时共同做好上述人员的工伤认定和待遇支付工作。

人力资源社会保障部

财政部

国家卫生健康委

2020 年 1 月 23 日

5－4 关于新型冠状病毒感染肺炎疫情防控有关经费保障政策的通知

财社〔2020〕2 号

各省、自治区、直辖市、计划单列市财政厅（局）、卫生健康委，新疆生产建设兵团财政局、卫生健康委：

为贯彻落实习近平总书记对新型冠状病毒感染肺炎疫情防控工作作出的重要批示精神，按照党中央、国务院决策部署，支持各地更好地做好防控经费保障工作，坚决遏制疫情蔓延势头，现将有关经费保障问题通知如下：

一、落实患者救治费用补助政策。对于确诊患者发生的医疗费用，在基本医保、大病保险、医疗救助等按规定支付后，个人负担部分由财政给予补助。所需资金由地方财政先行支付，中央财政对地方财政按实际发生费用的60%予以补助。

二、对参加防治工作的医务人员和防疫工作者给予临时性工作补助。参照《人力资源社会保障部 财政部关于建立传染病疫情防治人员临时性工作补助的通知》（人社部规〔2016〕4号）有关规定，按照一类补助标准，对于直接接触待排查病例或确诊病例，诊断、治疗、护理、医院感染控制、病例标本采集和病原检测等工作相关人员，中央财政按照每人每天300元予以补助；对于参加疫情防控的其他医务人员和防疫工作者，中央财政按照每人每天200元予以补助。补助资金由地方先行垫付，中央财政与地方据实结算。中央级医疗卫生机构按照属地化管理，中央财政补助资金拨付地方后由地方财政统一分配。

三、医疗卫生机构开展疫情防控工作所需的防护、诊断和治疗专用设备以及快速诊断试剂采购所需经费，由地方财政予以安排，中央财政视情给予补助。中央级医疗卫生机构按照属地化管理，中央财政补助资金拨付地方后由地方财政统一分配。

各级财政部门要会同卫生健康部门尽快按规定落实上述补助政策，务必做好防控经费保障工作，决不能因为费用问题延误救治和疫情防控。同时，要及时对相关支出进行严格审核，报国家卫生健康委和财政部，作为中央财政与地方财政资金结算的依据。

财政部　国家卫生健康委

2020年1月25日

发布日期：2020年2月13日

5-5 国务院办公厅转发国家卫生健康委、人力资源社会保障部、财政部关于改善一线医务人员工作条件切实关心医务人员身心健康若干措施的通知

国办发〔2020〕4号

各省、自治区、直辖市人民政府，国务院各部委、各直属机构：

国家卫生健康委、人力资源社会保障部、财政部《关于改善一线医务人员工作条件切实关心医务人员身心健康的若干措施》已经国务院同意，现转发给你们，请认真贯彻执行。

国务院办公厅

2020年2月10日

发布日期：2020年2月11日

（此件公开发布）

关于改善一线医务人员工作条件切实关心医务人员身心健康的若干措施

国家卫生健康委　人力资源社会保障部　财政部

新冠肺炎疫情发生以来，广大医务人员积极响应党中央号召，不顾个人安危，迎难而上，英勇奋战在抗击疫情的最前线，为保护人民生命健康作出了重大贡献，用实际行动践行了“敬佑生命、救死扶伤、甘于奉献、大爱无疆”的崇高精神。当前，全国疫情防控进入关键时期，医务人员面临着工作任务重、感染风险高、工作和休息条件有限、心理压力大等困难。保护关爱医务人员是打赢疫情防控阻击战的重要保障，为改善一线医务人员工作条件，切实关心医务人员身心健康，使他们更好地投入疫情防控工作，现提出以下工作措施：

一、改善医务人员工作和休息条件

加强医疗卫生机构硬件设施改造，加强医务人员职业暴露的防护设施建设和设备配置，使收治病人的医疗卫生机构满足传染病诊疗和防控要求。要重点改造医生办公室、值班室和休息室，营造有利于医务人员工作的良好环境。要为医务人员提供良好后勤服务，保障医务人员充足的睡眠和饮食。县级以上地方人民政府可依法征用医院周边酒店作为医务人员休息场所，以满足一线医务人员单人单间休息条件，并对基本生活用品保证供应。

二、维护医务人员身心健康

（一）要合理安排医务人员作息时间。根据疫情防控实际，科学测算医务人员工作负荷，合理配置医务人员，既满足医疗服务需求，又保障医务人员休息时间。对于因执行疫情防控不能休假的医务人员，在防控任务结束后，由所在医疗卫生机构优先安排补休。允许需要紧急补充医护人员等疫情防控工作人员的相关医疗卫生机构简化招聘程序。

（二）加强医务人员个人防护，最大限度减少院内感染。要尽一切可能配齐防护物资和防护设备，防护用品调配要向临床一线倾斜。

（三）组织做好一线医务人员健康体检，发现医务人员感染及时隔离，尽最大可能减少医务人员之间、医务人员与病人之间交叉感染。

（四）加强医务人员心理危机干预和心理疏导。开展医务人员心理健康评估，强化心理援助措施，有针对性地开展干预和心理疏导，减轻医务人员心理压力。

三、落实医务人员待遇

（一）各地要按照《人力资源社会保障部 财政部关于建立

传染病疫情防治人员临时性工作补助的通知》（人社部规〔2016〕4号）和《财政部 国家卫生健康委关于新型冠状病毒感染肺炎疫情防控有关经费保障政策的通知》（财社〔2020〕2号）有关要求，统计疫情防控一线医务人员和防疫工作者工作情况，由同级卫生健康部门会同人力资源社会保障、财政部门按月审核，报经国家卫生健康委审核并报人力资源社会保障部、财政部审定后，由同级财政部门在次月垫付临时性工作补助经费，中央财政据实结算。

（二）各级人力资源社会保障、财政部门要会同卫生健康部门，在同级政府领导下，根据实际情况，因地制宜及时向防控任务重、风险程度高的医疗卫生机构核增不纳入基数的一次性绩效工资总量，并指导有关单位搞好内部分配，向加班加点特别是作出突出贡献的一线人员倾斜。

（三）各地要落实好《人力资源社会保障部 财政部 国家卫生健康委关于因履行工作职责感染新型冠状病毒肺炎的医护及相关工作人员有关保障问题的通知》（人社部函〔2020〕11号），开通工伤认定绿色通道，切实保障好医务人员合法权益。

四、提高卫生防疫津贴标准

为进一步保障新冠肺炎疫情防疫人员权益，根据《国务院办公厅关于加强传染病防治人员安全防护的意见》（国办发〔2015〕1号），出台提高卫生防疫津贴标准的政策。各地要按照政策规定及时抓好落实，特别是对参与新冠肺炎疫情防疫人员，要及时足额发放到位。

五、加强对医务人员的人文关怀

各地要动员组织社会力量，发动志愿者或专门人员，对一线医务人员展开慰问，定期了解他们的需求和困难，建立台账，积极协调解决。加大对参与疫情防控工作医务人员的关怀力度，为一线医务人员和家属建立沟通联络渠道，尽量不安排双职工的医务人员同时到一线工作，对家有老人和孩子需要照顾的医务人员要尽可能创造条件使其兼顾家庭。要安排志愿者或专门人员对有家庭困难的一线医务人员家属进行对口帮扶。

六、创造更加安全的执业环境

严格落实国家卫生健康委、最高人民法院、最高人民检察院、公安部《关于做好新型冠状病毒肺炎疫情防控期间保障医务人员安全维护良好医疗秩序的通知》（国卫医函〔2020〕43号）的各项安全防范措施，加大警力投入，完善问责机制，对发现有歧视孤立一线医务人员及其家属行为的，要及时进行批评教育，情节严重的依法予以处理。对在疫情防控工作中伤害医务人员的，要坚决依法严肃查处，维护正常医疗卫生秩序。

七、弘扬职业精神做好先进表彰工作

利用多种形式加大对医务人员职业精神的宣传力度，深入挖掘宣传在抗击疫情工作中作出突出贡献的医务团队和个人，共同营造尊医重卫的良好氛围。将医务人员在重大自然灾害或突发公共卫生事件中的表现作为职称评审中医德医风考核的重要内容。可根据《事业单位工作人员奖励规定》开展及时奖励，并结合疫情防控工作进展，做好对作出突出贡献的医务团队和个人的及时性表彰工作，为做好疫情防控工作增强信心、凝聚力量。

各地卫生健康、人力资源社会保障和财政等相关部门要按照党中央、国务院决策部署，密切配合，全力做好各项工作，以高度负责的态度、务实到位的举措，切实改善一线医务人员工作条件，关心医务人员身心健康，保障医务人员权益，为坚决打赢疫情防控阻击战提供有力保障。

5－6 关于加强新冠肺炎疫情防控财税政策落实和财政资金监管工作的通知

财办〔2020〕11号

各省、自治区、直辖市、计划单列市财政厅（局），新疆生产建设兵团财政局，财政部各地监管局：

为打赢新冠肺炎疫情防控阻击战，支持企业复工复产、保障经济运行，中央财政和地方陆续出台相关财税政策，不断加大财政资金支持力度。现就加强相关财税政策落实和财政资金监管有关事项通知如下：

一、加强督促指导，确保疫情防控财税政策落到实处

各级财政部门要认真学习针对疫情防控出台的有关经费保障、财政补助、税收优惠、金融支持、政府采购等相关政策措施，理解领会吃透政策精神。加强政策宣传解释和辅导，确保患者、参与疫情防控的医务及相关人员、有关医疗卫生机构“应享尽享”救助补助或经费保障政策，确保疫情防控重点保障企业和个人尽享财税支持政策，及时获得资金支持。密切跟踪相关财税政策落地实施情况，及时了解政策实施中遇到的困难和问题，加强疫情对当地经济发展和财政收支影响的分析，研究提出相关政策调整和完善建议。

省级财政部门要加强对市县级财政部门的业务指导，认真落实《财政部关于进一步做好新型冠状病毒感染肺炎疫情防控经费保障工作的通知》（财办〔2020〕7号）等文件精神，指导当地相关部门和基层财政部门落实好各项财税政策。

财政部各地监管局要积极协助地方财政部门细化出台相关实施细则或操作指引，明确患者费用补助、临时性工作补助、税收优惠、财政贴息、物资采购政策等实施范围、使用方向、

补助对象、补助标准、申报流程等，确保疫情防控的各项财税政策落实落细。

二、强化财政监管，确保疫情防控财政资金用在实处

各级财政部门要切实加强疫情防控财政资金监管，重点关注与疫情防控有关的患者救助费用补助、临时性工作补助、财政贴息、物资采购等有关财政资金的审核、拨付、管理使用等情况，督促指导相关部门规范疫情防控资金财务管理和会计核算，切实保障资金使用安全合规有效。疫情防控期间以非现场监管为主，灵活采用线上报送、线上跟踪等“非现场、不见面”的“互联网+监管”方式，利用视频会议、电话沟通、微信联系等手段，有效有序开展监管工作。对于疫情防控财税政策落实不到位，财政资金分配、资金补助不合理等问题，要及时予以纠正。要充分发挥舆论和群众监督的作用，及时向社会公开相关财税政策和资金分配等信息，通过网络、电话等多种形式，及时受理群众举报，发现问题严肃处理。疫情结束后结合实际适时开展现场监管，严肃财经纪律，查处违法违规行为。涉及重大违法违纪问题，要及时移交纪检监察或司法机关处理。

地方各级财政部门要加强中央转移支付以及地方一般公共预算、政府性基金预算、社会捐赠等各项资金的统筹，按照“特事特办、急事急办”原则，加快预算执行，及时、足额拨付各项疫情防控资金。

财政部各地监管局要及时掌握中央财政补助资金下达情况，建立疫情防控资金台账。督促地方财政部门统筹做好资金调度、垫付，优先保障和拨付疫情防控资金，切实保障基层疫情防控及“三保”支出需求。对资金使用中存在的困难和问题，要及时反映并提出改进建议。发现地方财政部门将中央专项转移支

付用于平衡预算，以及资金分配、资金补助不合理等问题，要及时指出并督促纠正；对擅自截留、挤占、挪用疫情防控资金，购置与疫情防控无关物资等违法违规行为，要督促地方严肃查处。

三、做好绩效评价，提高疫情防控财税政策和财政资金绩效

疫情防控工作结束后，各地财政部门和财政部各地监管局要及时对相关财税政策落实和财政资金使用效果开展绩效评价。要结合出台的财税政策和财政补助资金确定的工作目标和要求，科学设计绩效评价指标，全面收集各项数据信息，进行必要的现场调研。围绕政策落实和资金管理使用的时效性、公平性、有效性开展评价，重点关注政策和资金是否及时、精准到位，资金补助标准是否科学合理，资金分配是否公开透明、公平公正，防控政策和资金是否达到预期效果等。根据评价情况，系统总结政策落实和资金使用中好的做法和经验，分析存在的不足和问题，有针对性的提出意见建议，作为调整完善财税政策、加强资金管理的重要参考和依据。

财政部各地监管局的重点绩效评价和绩效自评抽审工作由财政部统一组织实施，地方财政部门绩效评价工作按照财政部的有关要求自行组织开展。

四、改进工作作风，切实提高监管工作实效

（一）提高政治站位，强化责任担当。加强新冠肺炎疫情防控财税政策落实和财政资金监管，是保障相关财税政策取得实效和财政资金安全规范使用的重要举措。各级财政部门要认真落实习近平总书记“切实把各项工作抓实、抓细、抓落地，坚决打赢疫情防控的人民战争、总体战、阻击战，努力实现今

年经济社会发展目标任务”的要求，进一步提高政治站位，树牢“四个意识”，做到“两个维护”，认真履职，勇于担当，切实做到守土有责、守土担责、守土尽责。

（二）加强沟通协调，形成监管合力。财政部各地监管局和地方财政部门要加强沟通协调，既要各尽其责，又要相互支持，强化数据共享、信息互通。各级财政部门要注重同当地人行、银保监、税务、发改以及纪检监察、审计等部门的协调配合，推动形成监管合力。

（三）坚持实事求是，改进工作作风。各级财政部门既要严格执行工作程序和内部控制要求，又要充分考虑疫情防控非常时期的特殊情况，坚持具体情况具体分析，注意听取多方意见建议，全面、客观、审慎看待发现的问题，实事求是作出判断。要减少基层财政数据统计、报表填报、文件报送等工作，坚决杜绝形式主义、官僚主义，做到高效有序监管。

财政部

2020 年 2 月 17 日

发布日期：2020 年 2 月 19 日

5－7 关于全面落实进一步保护关心爱护医务人员若干措施的通知

国发明电〔2020〕5 号

各省、自治区、直辖市人民政府，国务院各部委、各直属机构：

新冠肺炎疫情发生以来，全国广大医务人员义无反顾冲上疫情防控第一线，同时间赛跑，与病魔较量，顽强拼搏、日夜奋战，以对党和人民高度负责的精神，为保护人民生命健康作出重大贡献。医务人员是战胜疫情的中坚力量，当前全国疫情防控进入关键时期，医务人员工作任务重、感染风险高、工作压力大，各地各有关部门务必高度重视对他们的保护、关心、爱护，加强各方面支持保障，解除他们的后顾之忧，使他们始终保持强大战斗力、昂扬斗志、旺盛精力，持续健康、心无旁骛投入战胜疫情斗争。现提出以下措施：

一、提高疫情防治人员薪酬待遇。各地要按规定向参与疫情防治的医务人员发放临时性工作补助、核增一次性绩效工资总量、对卫生防疫人员落实卫生防疫津贴政策。在此基础上，疫情防控期间，将湖北省（含援鄂医疗队，下同）一线医务人员临时性工作补助相应标准提高1倍，并确保发放到位，中央财政对湖北省全额补助；及时核增医疗卫生机构一次性绩效工资总量，将湖北省一线医务人员薪酬水平提高2倍；扩大卫生防疫津贴发放范围，确保覆盖全体一线医务人员，所需经费按现行渠道解决。

二、做好工伤认定和待遇保障。各地要做好因履行工作职责感染新冠肺炎医务人员的工伤认定，开辟绿色通道、简化理赔程序，保障医务人员及时享受工伤保险待遇。

三、实施职称评聘倾斜措施。参加疫情防治的一线医务人员在职称评聘中优先申报、优先参评、优先聘任。医务人员参加疫情防治经历可视同为一年基层工作经历。参加疫情防治的一线医务人员晋升职称、晋升岗位等级不受本单位岗位结构比例限制。

四、落实一线医务人员生活保障。加强生活服务和后勤保障，为一线医务人员提供基础性疾病药物、卫生用品以及干净、营养、便捷的就餐服务。征用医院周边有条件的宾馆、招待所等固定场所，为一线医务人员提供舒适的生活休息环境和与家人隔离的必要条件。采取专车接送解决定点医院一线医务人员通勤问题。

五、加强医务人员个人防护。全力救治受感染的医务人员。加强对疫情防护物资的统筹调配，医用防护用品要重点向疫情防控一线投放使用，特别是要全力保障定点救治医院和发热门诊、集中隔离观察点等一线医务人员防护物资需求，最大限度减少院内感染。

六、确保轮换休整到位。合理安排一线医务人员轮休，做好轮休医务人员隔离保障，对长时间高负荷工作人员安排强制休息。提前做好一线医务人员后备力量储备，及时排查轮换因身体、心理等原因不适合继续在一线的医务人员。疫情结束后，及时组织一次免费健康体检和疗养休养，并适当增加休息和带薪休假时间。

七、及时做好心理调适疏导。加强对一线医务人员的心理干预和疏导，开展心理健康评估，强化心理援助措施，减轻医务人员心理压力。一线医务人员所在单位党组织要通过谈心谈话、关怀问候等方式，密切关注医务人员思想动态、情绪变化，做到心理问题早发现、早干预、早疏导。

八、切实落实有困难家庭的照顾帮扶。深入了解一线医务人员特别是援鄂医疗队队员家庭实际困难，建立台账，分类施策，切实解决一线医务人员后顾之忧。开通一线医务人员家属就医绿色通道，建立社区干部联系帮扶一线医务人员家庭制度，帮助解决老幼照护等实际困难。对于一线医务人员子女教育给予更多帮助关爱。

九、创造更加安全的执业环境。严格落实各项安全防范措施，加大力量投入，完善问责机制，维护医疗秩序，保障医务人员合法权益。对于伤害医务人员的，坚决依法严肃查处。

十、开展烈士褒扬和先进表彰。依法做好因疫情防控牺牲殉职人员的烈士评定和褒扬工作，全面做好抚恤优待。利用多种形式、渠道加大对医务人员职业精神的宣传力度。根据国家有关规定，开展医务人员及时奖励，对涌现出的先进典型进行及时表彰。对于获得表彰以及被认定为烈士的医务人员的子女，在入学升学方面按规定享受相关待遇。

地方各级党委和政府要按照党中央、国务院决策部署，坚决落实好以上政策措施，以高度负责的态度、务实到位的举措，切实保护关心爱护医务人员，为坚决打赢疫情防控阻击战提供有力保障。各级疫情防控工作领导小组要加强调度和督查，确保各项关心关爱政策落实到位。各级卫生健康部门要牵头逐一落实一线医务人员关心关爱政策措施，协调落实医务人员有关政策措施的资金保障，统筹用好党费、专项资金等各种渠道。各级人力资源社会保障部门要牵头进行政策统筹，分类研究提出具体建议，就相关政策形成具体化、易操作、可落地的措施和方案。各级财政部门要做好资金保障。各地医疗卫生机构要强化主体责任，结合实际做好相关保障工作，准确提供一线医务人员信息，确保精准、无遗漏。

中央应对新型冠状病毒感染肺炎疫情工作领导小组

2020 年 2 月 22 日

发布日期：2020 年 2 月 23 日

5－8 关于调整卫生防疫津贴标准的通知

人社部发〔2020〕13 号

各省、自治区、直辖市及新疆生产建设兵团人力资源社会保障厅（局）、财政厅（局），国家卫生健康委办公厅：

经国务院批准，决定调整卫生防疫津贴标准。现将有关事项通知如下：

一、津贴执行范围和标准

疾病预防控制事业单位中接触有毒、有害物质，有传染危险和长年外勤的现场卫生工作编制内人员，在麻风病院及专职从事传染病、结核病、血吸虫等寄生虫病防治的卫生工作编制内人员，根据工作量大小、时间长短、条件好坏、放怀难易以及危害身体健康的程度等情况，分别享受一、二、三、四类卫生防疫津贴。

（一）一类津贴：每人每月 560 元

1. 专职从事烈性（甲类及参照甲类管理）传染病防治工作的；

2. 专职从事强致癌性物质监测和研究工作的；

3. 深入高山、野外、荒漠、森林从事自然疫源性疾病病院调查、病媒昆虫、动物采集、考察等工作的。

（二）二类津贴：每人每月 450 元

1. 在急性（乙类）传染病流行期间深入病区进行防病治病工作的；

2. 专职从事放射性和同位素监测工作的；

3. 专职从事强毒、强菌室工作的。

（三）三类津贴，每人每月 350 元

1. 深入滨区进行寄生虫病、地方病防病治病工作的；

2. 从事病源探索工作的；

3. 专职在病区处理污水、污物的，除害灭虫工作的；

4. 专职从事尘、毒弥漫场所实地调查、监测的；

5. 实施现场抢救工作的；

6. 遇到地震、洪水、高温、高寒、食物中毒、生物战等紧急情况，深入第一线进行防病灭病工作的。

（四）四类津贴：每人每月260元

1. 专职从事消毒、杀虫、灭鼠工作和污水、粪便卫生管理工作的；

2. 专职从事实验动物饲养工作的；

3. 专职从事卫生监测、检查工作的。

二、发放办法

将津贴发放由原来按天发放调整为按月发放。

（一）兼做两种类别以上工作时，只能就高享受一种类别津贴。

（二）享受津贴的人员工作变动后，津贴标准应及时调整或取消，调离本单位时津贴不随工资转移。

（三）临时参与上述工作的人员，根据实际接触情况享受相应类别的津贴，按实际接触天数折算发放。

三、所需经费

各省、自治区、直辖市和中央部门发放卫生防疫津贴所需经费，按现行经费渠道列支；新疆生产建设兵团发放卫生防疫津贴所需经费，由其参照地方统筹解决。

四、执行时间

本通知从2020年1月1日起执行。1979年原卫生部、财政部、原国家劳动总局《关于卫生防疫人员实行卫生防疫津贴的通知》（〔79〕卫防字第1560号、〔79〕财事自第336号、〔79〕劳总薪字第133号）和2004年原人事部、财政部、原卫生部《关于调整卫生防疫津贴标准的通知》（国人部〔2004〕27号）即行废止。

调整卫生防疫津贴标准，体现了党中央、国务院和卫生防疫工作人员的关心和重视，各地和有关部门要认真做好组织实施工作，严格执行政策，加强监督管理，确保此项工作落实到位。

（此件依申请公开）

人力资源和社会保障部　财政部

2020年2月24日

5-9 国务院应对新型冠状病毒感染肺炎疫情联防联控机制关于聚焦一线贯彻落实保护关心爱护医务人员措施的通知

国发明电〔2020〕10号

各省、自治区、直辖市人民政府，国务院各部委、各直属机构：

近日，中央应对新型冠状病毒感染肺炎疫情工作领导小组印发《关于全面落实进一步保护关心爱护医务人员若干措施的通知》（国发明电〔2020〕5号），国务院办公厅转发卫生健康委、人力资源社会保障部、财政部《关于改善一线医务人员工作条件切实关心医务人员身心健康的若干措施》（国办发〔2020〕4号），国务院应对新型冠状病毒感染肺炎疫情联防联控机制多次研究部署，就疫情防控期间强化一线医务人员保护关心爱护措施提出明确要求，为广大一线医务人员全身心投入疫情防控工作提供了坚强保障、注入了强大动力、给予了关怀激励。但一些地方在执行和落实中，存在对象不精准、执行不严格、工作不规范、落实不到位等问题。为确保党中央、国务院保护关心爱护一线医务人员政策措施落到实处，现就有关事项通知如下：

一、关于保护关心爱护措施向一线医务人员倾斜。一线医务人员是指疫情防控期间按照政府统一部署、卫生健康部门调派或医疗卫生机构要求，直接参与新冠肺炎防疫和救治一线工作，且与确诊或疑似病例直接接触的接诊、筛查、检查、检测、转运、治疗、护理、流行病学调查、医学观察，以及直接进行病例标本采集、病原检测、病理检查、病理解剖的医疗卫生专业技术人员。一线医务人员以实际参加现场调查处置、患者救治等工作情况为准，不受编制、身份等限制。临时性工作补助、一次性慰问补助、卫生防疫津贴等要及时发放，要向一线医务人员特别是救治重症患者的医务人员倾斜，不得按行政级别确定发放标准。

二、关于临时性工作补助的计算和发放。按照人力资源社会保障部、财政部《关于建立传染病疫情防治人员临时性工作补助的通知》（人社部规〔2016〕4号）规定，一线医务人员领取临时性工作补助的天数，按其直接接触确诊或疑似病例、标本（含尸体解剖）的天数计算。对在重症危重症患者病区工作的一线医务人员，按实际工作天数的1.5倍计算应发工作天数。对在集中隔离观察点工作的一线医务人员，按发现确诊病例的当日计算工作天数。执行一档标准的一线医务人员，包括在卫生健康部门确定的定点医院、方舱医院的隔离区或其他收治确诊病例的医疗卫生机构的隔离区直接参与患者救治的医务人员，直接进行病例标本采集、病原检测和病理检查的医疗卫生专业技术人员，以及在湖北省内发热门诊工作的一线医务人员。其他一线医务人员执行二档标准。

三、关于及时发放卫生防疫津贴。卫生防疫津贴执行标准和发放办法，按照人力资源社会保障部、财政部《关于调整卫生防疫津贴标准的通知》（人社部发〔2020〕13号）规定执行。卫生防疫津贴执行范围，在疫情防控期间扩大到全体一线医务人员，在疫情结束后恢复至文件规定范围。

四、关于轮休、隔离不影响正常工资福利待遇。严格落实人力资源社会保障部、财政部《关于新型冠状病毒肺炎疫情防控期间事业单位人员有关工资待遇问题的通知》（人社部发〔2020〕9号）规定，一线医务人员在轮休、隔离期间，工资福利待遇按出勤对待，原正常发放的基本工资、岗位津贴（含卫生防疫津贴）、绩效工资继续执行。不得将一线医务人员轮休、隔离天数计入本人带薪年休假假期，不得向轮休的一线医务人员安排工作任务。

五、关于做好饮食营养等保障。对轮休、隔离的一线医务人员，各地卫生健康部门要牵头做好生活保障，为其配送必要的饮食、营养品和生活必需品。对过于劳累导致患病的一线医务人员，要开通就医绿色通道，保证其及时就医。加强对一线医务人员的人文关怀，尽量不安排双职工的医务人员同时到一线工作。做好援鄂医疗队及其他一线医务人员家属关心慰问工作，及时帮助解决生活、就医、照料等方面实际困难，切实解决他们的后顾之忧。

六、关于压实贯彻落实责任和强化监督检查。各地医疗卫生机构是贯彻落实保护关心爱护一线医务人员措施的责任主体，主要负责人是抓好落实的第一责任人，要健全规章制度，认真建立工作台账，据实按日记录、按月汇总上报应当领取临时性工作补助人员的名单、档次和天数，同时要纠正不必要的填表报数，减轻一线医务人员负担。各地卫生健康、人力资源社会保障、财政部门要按照职责分工，加强协同配合和工作指导，强化资金监管和督促落实。各地要坚持问题导向和结果导向，及时回应群众关切，协调解决政策措施贯彻落实中的苗头性、倾向性问题，坚决杜绝形式主义、官僚主义；发放临时性工作补助、卫生防疫津贴要严格进行登记、审核、报批，及时公示公开，主动接受监督，确保发放工作公平公正有序开展；要加大监督检查力度，不得扩大泛化一线医务人员范围，对有章不循、巧立名目、截留侵占、虚报冒领、违规发放、挤占挪用的，依纪依法严肃追究相关人员责任。

国务院应对新型冠状病毒感染
肺炎疫情联防联控机制
2020 年 3 月 11 日
发布日期：2020 年 3 月 12 日

5－10 关于做好中央派遣支援湖北省新冠肺炎疫情防控工作医务人员生活保障的通知

国卫办财务发〔2020〕3 号

各省、自治区、直辖市及新疆生产建设兵团卫生健康委、财政厅（局）：

为进一步做好中央派遣支援湖北省新冠肺炎疫情防控工作

医务人员（包括国家组织派往湖北省的医务人员、按照国家统一要求派出的省际对口支援湖北省各市州的医务人员，均包含疾控人员，以下统称援鄂医务人员）的生活保障，现将有关工作通知如下：

一、援鄂医务人员往返湖北省的交通费用，由组派单位同级财政承担。

二、受援地负责安排好援鄂医务人员的衣食住行等生活保障，所需费用由受援地承担。

三、受援地负责统计援鄂医务人员的临时性工作补助有关工作量，由派出省份单列报送国家卫生健康委。补助经费由派出地财政部门按照规定垫付，中央财政据实结算。此前已由受援地发放部分，派出地不再重复发放。

四、地方自行出台的其他有关援鄂医务人员待遇政策，由出台政策的地方负责落实并负担费用。

国家卫生健康委办公厅　财政部办公厅

2020 年 3 月 17 日

发布日期：2020 年 3 月 21 日

4. 财政补助医疗卫生机构所需经费

享受主体

医疗卫生机构

优惠内容

医疗卫生机构开展疫情防控工作所需的防护、诊断和治疗专用设备以及快速诊断试剂采购所需经费，由地方财政予以安排，中央财政视情给予补助。中央级医疗卫生机构按照属地化管理，中央财政补助资金拨付地方后由地方财政统一分配。

对收治患者较多的医疗机构，医保经办机构可预付部分资金，减轻医疗机构垫付压力。医保经办机构应及时调整有关医疗机构的总额预算指标，对新型冠状病毒感染的肺炎患者医疗费用单列预算。各级医保经办机构要确保与医疗机构及时结算，保证救治工作顺利进行。

加强政策宣传解释和辅导，确保有关医疗卫生机构“应享尽享”救助补助或经费保障政策，确保疫情防控重点保障机构尽享财税支持政策，及时获得资金支持。

政策依据

1.《关于新型冠状病毒感染肺炎疫情防控有关经费保障政策的通知》（财社〔2020〕2号）（见延伸阅读5－4）

2.《关于进一步做好新型冠状病毒感染肺炎疫情防控经费保障工作的通知》（财办〔2020〕7号）（见延伸阅读2－2）

3.《关于做好新型冠状病毒感染的肺炎疫情医疗保障的通知》（国医保电〔2020〕5号）

4.《关于加强新冠肺炎疫情防控财税政策落实和财政资金监管工作的通知》（财办〔2020〕11号）（见延伸阅读5－6）

延伸阅读

5－11 关于做好新型冠状病毒感染的肺炎疫情医疗保障的通知

国医保电〔2020〕5号

各省、自治区、直辖市、新疆生产建设兵团医疗保障局，财政厅（局）：

近期，湖北省武汉市等多个地区发生新型冠状病毒感染的肺炎疫情，对此党中央、国务院高度重视，习近平总书记作出重要指示，要求把人民群众生命安全和身体健康放在第一位，必须引起高度重视，全力做好防控工作。李克强总理也对此作出批示，国务院联防联控机制进行专门部署。为认真贯彻落实党中央、国务院要求，现就有关事项通知如下：

一、充分认识做好新型冠状病毒感染的肺炎疫情防治工作的重要性。做好疫情防治工作，对于保障参保人员身体健康、维护社会和谐稳定，确保人民群众过一个安定祥和的春节具有重要意义。各级医保、财政部门要高度重视，以对人民群众健康高度负责的态度坚决贯彻落实党中央、国务院的有关部署。凡是发生疫情的省份，省级医保部门主要负责同志应当靠前指挥，建立专项工作机制，配合卫生健康等部门，积极做好联防联控工作。

二、确保患者不因费用问题影响就医。一是对于确诊新型冠状病毒感染的肺炎患者发生的医疗费用，在基本医保、大病保险、医疗救助等按规定支付后，个人负担部分由财政给予补助，实施综合保障。二是对于确诊新型冠状病毒感染的肺炎的异地就医患者，先救治后结算，报销不执行异地转外就医支付比例调减规定。三是确诊新型冠状病毒感染的肺炎患者使用的药品和医疗服务项目，符合卫生健康部门制定的新型冠状病毒感染的肺炎诊疗方案的，可临时性纳入医保基金支付范围。

三、确保收治医院不因支付政策影响救治。对收治患者较多的医疗机构，医保经办机构可预付部分资金，减轻医疗机构垫付压力。医保经办机构应及时调整有关医疗机构的总额预算指标，对新型冠状病毒感染的肺炎患者医疗费用单列预算。各级医保经办机构要确保与医疗机构及时结算，保证救治工作顺利进行。

四、确保假期工作平稳有序。各级医保、财政部门要加强春节假期的值班值守，完善值班制度，不折不扣落实各项政策任务。各地医保经办机构要配备足够的人员，做到春节假期经办服务不间断。要做好基金收支的动态监测和统计分析工作，各省（区、市）医疗保障局自1月31日起每周五下班前向国家医疗保障局报送本省（区、市）新型冠状病毒感染的肺炎患者治疗人数、医疗费用、医保和医疗救助基金支出等情况。

各省（区、市）在工作中遇到的重大问题和情况，请及时向国家医疗保障局、财政部报告。

国家医疗保障局　财政部

2020年1月22日

发布日期：2020年1月23日

5. 补助确诊患者的救治费用

享受主体

受新型冠状病毒感染的确诊患者

优惠内容

一是对于确诊新型冠状病毒感染的肺炎患者发生的医疗费用，在基本医保、大病保险、医疗救助等按规定支付后，个人负担部分由财政给予补助，实施综合保障。

二是对于确诊新型冠状病毒感染的肺炎的异地就医患者，先救治后结算，报销不执行异地转外就医支付比例调减规定。异地就医医保支付的费用由就医地医保部门先行垫付，要做好异地就医参保患者信息记录和医疗费用记账，疫情结束后全国统一组织清算。异地就医确诊患者医疗费用个人负担部分，由就医地按照《财政部国家卫生健康委关于新型冠状病毒感染肺炎疫情防控经费有关保障政策的通知》（财社〔2020〕2号）有关规定执行。

三是确诊新型冠状病毒感染的肺炎患者使用的药品和医疗服务项目，符合卫生健康部门制定的新型冠状病毒感染的肺炎诊疗方案的，可临时性纳入医保基金支付范围。

对于确诊患者发生的医疗费用，在基本医保、大病保险、医疗救助等按规定支付后，个人负担部分由财政给予补助。所需资金由地方财政先行支付，中央财政对地方财政按实际发生费用的60%予以补助。

加强政策宣传解释和辅导，确保患者“应享尽享”救助补助或经费保障政策，确保疫情防控个人尽享财税支持政策，及时获得资金支持。

政策依据

1.《关于新型冠状病毒感染肺炎疫情防控有关经费保障政策的通知》（财社〔2020〕2号）（见延伸阅读5－4）

2.《关于进一步做好新型冠状病毒感染肺炎疫情防控经费保障工作的通知》（财办〔2020〕7号）（见延伸阅读2－2）

3.《关于做好新型冠状病毒感染的肺炎疫情医疗保障的通知》（国医保电〔2020〕5号）（见延伸阅读5－11）

4.《关于做好新型冠状病毒感染的肺炎疫情医疗保障工作的补充通知》（国医保电〔2020〕6号）

5.《关于加强新冠肺炎疫情防控财税政策落实和财政资金监管工作的通知》（财办〔2020〕11号）（见延伸阅读5－6）

延伸阅读

5－12 关于做好新型冠状病毒感染的肺炎疫情医疗保障工作的补充通知

国医保电〔2020〕6号

各省、自治区、直辖市、新疆生产建设兵团医疗保障局，财政厅（局），卫生健康委：

为贯彻落实党中央、国务院决策部署，做好新型冠状病毒感染的肺炎疫情医疗保障工作，在前期《关于做好新型冠状病毒感染的肺炎疫情医疗保障的通知》基础上，现就有关事项补充通知如下：

一、进一步提高认识。各地要充分认识做好新型冠状病毒感染的肺炎疫情防控的重要性和必要性，加强统一领导，统一指挥，以对人民群众健康高度负责的态度把党中央各项决策部署落到实处。各级医疗保障部门主要负责同志牵头成立领导小组，积极主动做好防治工作。

二、切实保障疑似患者医疗费用。在按要求做好确诊患者医疗费用保障的基础上，疫情流行期间，对于卫生健康部门新型冠状病毒感染的肺炎诊疗方案确定的疑似患者医疗费用，在基本医保、大病保险、医疗救助等按规定支付后，个人负担部分由就医地制定财政补助政策并安排资金，实施综合保障，中央财政视情给予适当补助。

三、确保确诊或疑似异地就医患者先行救治。异地就医医保支付的费用由就医地医保部门先行垫付，要做好异地就医参保患者信息记录和医疗费用记账，疫情结束后全国统一组织清算。异地就医确诊患者医疗费用个人负担部分，由就医地按照《财政部国家卫生健康委关于新型冠状病毒感染肺炎疫情防控经费有关保障政策的通知》（财社〔2020〕2号）有关规定执行。对异地就医疑似患者医疗费用，按本通知第二条执行。

四、动态调整报销范围、及时更新信息系统。各地对纳入卫生健康部门制定的疑似新型冠状病毒感染的肺炎诊疗方案的药品和诊疗服务项目，可临时性及时纳入医保基金支付范围。

同时，做好与医疗机构的信息系统对接，保证及时支付医疗费用。

五、协同做好疫情防控相关药品和耗材采购与价格监测监管工作。对防控疫情所需的药品和医用耗材，在省级平台不能保障供应的情况下，可由医疗机构先在网下采购应急使用。各省级医疗保障部门要密切关注相关药品价格和供应变化情况，对于供应和价格情况异常的，要及时通报移交相关部门。

六、建立信息收集及上报制度。各省（区、市）医疗保障部门要加强对各地贯彻落实政策的指导，及时掌握各地政策落实情况，及时收集各地工作动态、预付医疗机构费用、患者结算人数、医疗费用和报销费用等情况。各省（区、市）医保部门要指定1名联系人，将上述情况经分管局领导审定后，于每日中午12点前报送国家医疗保障局。

各省（区、市）在工作中遇到的重大问题和情况，请及时向国家医疗保障局、财政部、国家卫生健康委报告。

国家医疗保障局办公室　财政部办公厅

国家卫生健康委办公厅

2020年1月27日

6. 保障疑似患者医疗费用

享受主体

冠状病毒感染肺炎疑似患者

优惠内容

在按要求做好确诊患者医疗费用保障的基础上，疫情流行期间，对于卫生健康部门新型冠状病毒感染的肺炎诊疗方案确定的疑似患者医疗费用，在基本医保、大病保险、医疗救助等按规定支付后，个人负担部分由就医地制定财政补助政策并安排资金，实施综合保障，中央财政视情给予适当补助。异地就医医保支付的费用由就医地医保部门先行垫付，要做好异地就医参保患者信息记录和医疗费用记账，疫情结束后全国统一组织清算。

各地对纳入卫生健康部门制定的疑似新型冠状病毒感染的肺炎诊疗方案的药品和诊疗服务项目，可临时性及时纳入医保基金支付范围。同时，做好与医疗机构的信息系统对接，保证及时支付医疗费用。

政策依据

1.《关于做好新型冠状病毒感染的肺炎疫情医疗保障工作的补充通知》（国医保电〔2020〕6号）（见延伸阅读5－12）

2.《关于加强新冠肺炎疫情防控财税政策落实和财政资金监管工作的通知》（财办〔2020〕11号）（见延伸阅读5－6）

7. 财政专项扶贫资金保障贫困群众基本生活

享受主体

由于疫情陷入困境的贫困群众和因疫致贫返贫农民群众

优惠内容

各地要统筹使用中央财政困难群众救助等补助资金和地方各级财政安排资金，及时足额发放低保金、特困供养金、孤儿基本生活费，以及困难残疾人生活补贴和重度残疾人护理补贴，切实保障好困难群众基本生活。疫情比较严重的地区，可适当增加困难群众生活补助，所需资金由地方财政负担。对于受疫情影响无法外出务工、经营、就业，收入下降导致基本生活困难的城乡居民，符合条件的要及时纳入最低生活保障范围。对外出务工、返岗复工的低保对象，在计算家庭收入时适当扣减务工成本。

政策依据

1.《关于积极应对新冠肺炎疫情影响加强财政专项扶贫资金项目管理工作确保全面如期完成脱贫攻坚目标任务的通知》（国开办发〔2020〕5号）（见延伸阅读3－3）

2.《关于进一步做好疫情防控期间困难群众兜底保障工作的通知》（国发明电〔2020〕9号）

延伸阅读

5－13 关于进一步做好疫情防控期间困难群众兜底保障工作的通知

国发明电〔2020〕9号

各省、自治区、直辖市党委和人民政府，新疆生产建设兵团，中央和国家机关有关部门：

为更好解决疫情防控期间部分群众面临的突发性、紧迫性、临时性生活困难，以及保障特殊困难人员基本照料服务需求，切实做好兜底保障工作，织密织牢社会安全网，坚决打赢疫情防控人民战争、总体战、阻击战，现就有关要求通知如下：

一、保障好疫情防控期间困难群众基本生活

坚持应保尽保、保障到位。各地要统筹使用中央财政困难群众救助等补助资金和地方各级财政安排资金，及时足额发放低保金、特困供养金、孤儿基本生活费，以及困难残疾人生活补贴和重度残疾人护理补贴，切实保障好困难群众基本生活。疫情比较严重的地区，可适当增加困难群众生活补助，所需资金由地方财政负担。对于受疫情影响无法外出务工、经营、就业，收入下降导致基本生活困难的城乡居民，符合条件的要及时纳入最低生活保障范围。对外出务工、返岗复工的低保对象，在计算家庭收入时适当扣减务工成本。

及时足额发放价格临时补贴。密切关注物价变动情况，物价涨幅达到规定条件时，及时启动实施社会救助和保障标准与物价上涨挂钩联动机制，按时足额向低保对象、特困人员等困难群众发放价格临时补贴，有条件的地方可以适当提高补贴标准。

做好贫困人口救助帮扶。对符合条件的建档立卡贫困人口，要及时纳入低保、特困供养、临时救助范围。对受疫情影响致贫的其他人员和返贫的建档立卡贫困人口，要及时落实临时救助等社会救助政策，确保其基本生活不受影响。

加大新冠肺炎患者及受影响家庭救助力度。对确诊病例中的低保对象、特困人员、低收入家庭成员以及建档立卡贫困人口，按规定及时给予临时救助，可一事一议加大救助力度。对因家庭成员被隔离收治导致基本生活出现暂时困难的家庭，由当地街道（乡镇）或县级民政部门实施临时救助。对生活困难的患者及其家庭，按规定及时纳入低保、特困供养或临时救助范围；对其中的病亡人员家庭，加大临时救助力度。

各地对基本生活受疫情影响，其他社会救助制度暂时无法覆盖的困难群众，要通过临时救助做到凡困必帮、有难必救。湖北省和武汉市以及其他疫情严重地区，可委托社区（村）实施“先行救助”，根据急难情形提供物质帮助或服务，发现困难立即救助。

二、保障好陷入临时困境外来人员基本生活

做好临时滞留人员帮扶工作。对疫情防控期间，因交通管控等原因暂时滞留，在住宿、饮食等方面遭遇临时困难的人员，各地要根据其基本生活需要，及时提供临时住宿、饮食、御寒衣物等帮扶。

做好其他外来人员救助工作。对受疫情影响，找不到工作又得不到家庭支持，基本生活出现暂时困难的外来务工人员，各地要按规定给予临时救助。符合生活无着的流浪乞讨人员救助条件的由救助管理机构实施救助。

做好发现引导帮扶救助工作。湖北省和武汉市以及其他疫情严重地区，公安、城管、疾控和城乡社区工作人员在巡查、排查时，发现上述外来人员有发热、干咳等症状的，要立即安排其接受集中隔离医学观察，对其他外来人员要引导或协助其向救助管理机构求助。救助管理机构要按要求做好帮扶和救助工作。救助管理机构收住能力饱和、不能满足求助人员临时住宿需求的，要开辟临时庇护场所，增强收住能力，切实做到应救尽救。救助管理机构要切实加强防控措施和内部管理，防止出现聚集性感染。

三、保障好特殊困难人员基本照料服务需求

妥善照顾由被隔离收治人员负责监护或照料的对象。各地承担隔离收治确诊患者、疑似患者、发热患者、密切接触者任务的机构和工作人员，要主动向上述人员了解由其负责监护或照料的对象的情况，对由其监护或照料的对象中生活不能自理的老年人、残疾人、未成年人，特别是分散供养特困人员，要及时通知所在社区（村）上门探视和联系安排相关人员或机构提供监护或照料。

主动探视和及时帮助居家隔离特殊困难人员。各地对居家隔离的孤寡老人、社会散居孤儿、留守儿童、留守老年人以及重病重残等特殊困难人员，要保持经常联系，加强走访探视，及时提供帮助。

四、确保困难群众求助有门、受助及时

各地要公布并畅通求助热线，简化工作流程，健全转介机制，明确主体责任，确保及时受理和回应困难群众求助。要运用“互联网+”、大数据等技术手段，积极推行社会救助全流程线上办理，加快办理速度。疫情防控期间，为减少人群聚集和感染风险，各地要充分利用社会救助家庭经济状况核对机制，可采用非接触、远距离等灵活方式开展入户调查，按规定及时公布有关社会救助事项经办结果，主动接受社会监督。为增强低保对象抵御风险经济能力，各地可根据疫情形势决定暂停开展低保对象退出工作。

五、切实加强组织领导

强化属地责任。各地党委和政府要按照《国务院应对新型冠状病毒感染肺炎疫情联防联控机制关于进一步做好民政服务机构疫情防控工作的通知》（国发明电〔2020〕6号）和本通知要求，进一步深化细化实化相关政策措施，统筹研究，同步推进，担当履责，协同配合，坚决抓好贯彻落实，扎实做好重点单位、重点场所、重点人群的疫情防控和民生保障工作，确保不发生冲击社会道德底线的事件。

强化资金保障。地方财政要加大困难群众基本生活保障资金投入，中央财政继续通过困难群众救助补助资金支持地方开展社会救助工作，对湖北省予以重点倾斜。各地要加快资金拨付进度，按要求尽快将中央及省级财政安排的救助补助资金拨付到位，为做好受疫情影响困难群众基本生活保障提供有力支撑。

强化监督检查。各地要严肃纪律，依纪依法坚决迅速查处工作落实中作风漂浮、敷衍塞责、推诿刁难、弄虚作假、不作为等问题。进一步加强资金监管，及时查处和曝光虚报冒领、截留私分、贪污挪用等问题。要激励党员干部、一线工作人员担当作为，对非主观故意将不符合条件人员纳入救助帮扶范围的，可免予追究相关责任。

强化社会支持。要加强舆论引导，及时宣传党和政府保障基本民生的惠民政策和有力举措，进一步强信心、暖人心、聚民心。要动员引导有关社会组织、心理工作者、志愿者积极参与，通过热线电话、微信等方式，为被隔离收治人员及其家属、病亡人员家属提供心理援助、情绪疏导等服务。

中央应对新型冠状病毒感染肺炎疫情工作领导小组

2020 年 3 月 6 日

发布日期：2020 年 3 月 7 日

8. 财政补助城乡社区工作者

享受主体

城乡社区工作者

优惠内容

在落实好城乡社区工作者现有报酬保障政策基础上，在疫情防控期间地方可对一线城乡社区工作者给予适当工作补助，补助标准由省级人民政府根据疫情防控任务指导市县制定，所需资金由地方财政承担。

城乡社区工作者在疫情防控期间发生事故伤害或患病，符合《工伤保险条例》认定情形的，应依法认定为工伤，已经参加工伤保险的，发生的相关费用按照《工伤保险条例》相关规定支付；未参加工伤保险的，由用人单位按照法定标准支付，财政补助单位因此发生的费用，由同级财政予以补助。对于因履行职责感染新冠肺炎或病亡的城乡社区工作者，符合《人力资源社会保障部 财政部 国家卫生健康委关于因履行工作职责感染新型冠状病毒肺炎的医护及相关工作人员有关保障问题的通知》（人社部函〔2020〕11号）规定的，可按规定享受相关待遇。

政策依据

1.《关于因履行工作职责感染新型冠状病毒肺炎的医护及相关工作人员有关保障问题的通知》（人社部函〔2020〕11号）

2.《关于全面落实疫情防控一线城乡社区工作者关心关爱措施的通知》（国发明电〔2020〕8号）

延伸阅读

5-14 关于因履行工作职责感染新型冠状病毒肺炎的医护及相关工作人员有关保障问题的通知

人社部函〔2020〕11号

各省、自治区、直辖市及新疆生产建设兵团人力资源社会保障厅（局）、财政厅（局）、卫生健康委：

为做好新型冠状病毒肺炎疫情防治工作，保障防治人员的权益，现就在此次新型冠状病毒肺炎预防和救治工作中，因履行工作职责而感染新型冠状病毒肺炎的医护及相关工作人员的有关保障问题通知如下：

在新型冠状病毒肺炎预防和救治工作中，医护及相关工作人员因履行工作职责，感染新型冠状病毒肺炎或因感染新型冠状病毒肺炎死亡的，应认定为工伤，依法享受工伤保险待遇。

已参加工伤保险的上述工作人员发生的相关费用，由工伤保险基金和单位按工伤保险有关规定支付；未参加工伤保险的，由用人单位按照法定标准支付，财政补助单位因此发生的费用，由同级财政予以补助。

各级人力资源社会保障、财政、卫生健康行政部门要密切配合，搞好服务，及时共同做好上述人员的工伤认定和待遇支付工作。

人力资源社会保障部

财政部

国家卫生健康委

2020 年 1 月 23 日

5 - 15 关于全面落实疫情防控一线城乡社区工作者关心关爱措施的通知

国发明电〔2020〕8 号

各省、自治区、直辖市党委和人民政府，新疆生产建设兵团，中央和国家机关有关部门：

新冠肺炎疫情发生以来，广大城乡社区工作者贯彻落实党中央、国务院决策部署，坚守岗位、日夜值守，英勇奋战在疫情防控一线，为遏制疫情扩散蔓延作出了重要贡献。习近平总书记多次作出重要指示，强调要关心关爱城乡社区工作者。李克强总理作出批示，要求对社区工作者防控工作给予保障。为激励广大城乡社区工作者不畏艰险、勇往直前，坚决打赢疫情防控人民战争、总体战、阻击战，现提出以下措施：

一、对城乡社区工作者适当发放工作补助。各地要采取措施，关心关爱参加疫情防控的社区（村）“两委”成员、社区

(村)专职工作人员等一线城乡社区工作者。在落实好城乡社区工作者现有报酬保障政策基础上，在疫情防控期间地方可对一线城乡社区工作者给予适当工作补助，补助标准由省级人民政府根据疫情防控任务指导市县制定，所需资金由地方财政承担。

二、切实做好城乡社区工作者职业伤害保障。城乡社区工作者在疫情防控期间发生事故伤害或患病，符合《工伤保险条例》认定情形的，应依法认定为工伤，已经参加工伤保险的，发生的相关费用按照《工伤保险条例》相关规定支付；未参加工伤保险的，由用人单位按照法定标准支付，财政补助单位因此发生的费用，由同级财政予以补助。对于因履行职责感染新冠肺炎或病亡的城乡社区工作者，符合《人力资源社会保障部 财政部 国家卫生健康委关于因履行工作职责感染新型冠状病毒肺炎的医护及相关工作人员有关保障问题的通知》(人社部函〔2020〕11号)规定的，可按规定享受相关待遇。

三、改善城乡社区工作者防护条件。各地要按规定落实社区防控工作经费，改善一线城乡社区工作者防护条件，落实属地原则强化社区防控工作物资保障，根据当地疫情防控需要，合理配发口罩、防护服、消毒水、非接触式体温计等卫生防护器材和防控器具。组织开展面向城乡社区工作者的医疗卫生知识、疫情防控知识培训，提高其做好社区防控工作的能力。

四、切实为城乡社区工作者减负减压。严肃查处疫情防控中的形式主义、官僚主义问题，坚决制止多头重复向基层派任务、要表格，除党中央、国务院已有明确要求的外，原则上不得向社区摊派工作任务，确因疫情防控工作特殊需要的，须经省级人民政府批准。除因社区疫情防控需要出具的居住证明和居家医学观察期满证明外，不得以疫情防控为由要求城乡社区组织出具其他证明。进一步充实城乡社区疫情防控力量，抽调机关和企事业单位党员干部下沉支援社区疫情防控一线，组织和发挥好社区服务机构、志愿者作用。加快构建社区防控工作信息化支撑体系，运用现代信息技术提高社区防控工作效能，减轻城乡社区工作者工作压力。

五、保障城乡社区工作者身心健康。各地要协调安排好疫情防控期间一线城乡社区工作者就餐、休息场所等生活保障。在保证社区防控人员力量的前提下，合理调度疫情防控一线城乡社区工作者，采取轮休、补休等方式，保证城乡社区工作者及时得到必要休整。对长时间高负荷工作人员安排强制休息，防止带病上岗。疫情结束后，要及时安排健康体检和心理减压；有条件的地方，可安排休假疗养。

六、加强城乡社区工作者关爱慰问。做好疫情防控一线城乡社区工作者特别是感染新冠肺炎、因公受伤、突发疾病城乡社区工作者和因公死亡城乡社区工作者的家属的走访慰问工作，最大限度帮助其解决实际困难。对奋战一线、无法照顾家庭的城乡社区工作者，要组织社区服务机构和志愿者对其家属给予更多帮助关爱。

七、开展城乡社区工作者表彰褒扬。注重在疫情防控一线考察识别城乡社区工作者，对表现突出的要大力褒奖、大胆使用，在招录（聘）公务员或事业单位工作人员、选拔街道（乡镇）干部时在同等条件下优先考虑。根据国家有关规定，对涌现出的先进典型进行表彰。对疫情防控期间因公殉职的城乡社区工作者追授“全国优秀城乡社区工作者”。依照有关法规做好因疫情防控牺牲殉职城乡社区工作者的烈士评定和褒扬工作，全面做好抚恤优待。获得表彰以及被认定为烈士的城乡社区工作者的子女，在入学升学方面按规定享受相关待遇。

八、加大城乡社区工作者先进典型宣传力度。充分发挥报刊、广播、电视等新闻媒体和网络新媒体作用，大力宣传报道在社区防控工作中表现突出的城乡社区工作者的感人事迹，营造全社会关心、支持、参与城乡社区疫情防控的正确舆论导向和良好社会氛围。疫情结束后，依托“最美城乡社区工作者”宣传推选活动，发现、选树和宣传一批城乡社区工作者先进典型。

各地、各部门要按照党中央、国务院决策部署，坚决落实好上述政策措施，以高度负责的态度、务实有效的举措，切实关心关爱城乡社区工作者，为守严守牢疫情联防联控、群防群控的社区防线提供有力保障。地方各级疫情防控工作领导小组要加强调度和督查，确保各项关心关爱政策措施落实到位；民政部门要牵头协调落实好关心关爱一线城乡社区工作者的政策措施，组织、宣传、发展改革、工业和信息化、财政、人力资源社会保障、卫生健康、退役军人等部门要按照职责做好相关政策措施和资金保障落实工作。

中央应对新型冠状病毒感染肺炎疫情工作领导小组

2020 年 3 月 3 日

发文日期：2020 年 3 月 4 日

9. 改善城乡社区工作者防护条件

享受主体

城乡社区工作者

优惠内容

各地要按规定落实社区防控工作经费，改善一线城乡社区工作者防护条件，落实属地原则强化社区防控工作物资保障，根据当地疫情防控需要，合理配发口罩、防护服、消毒水、非接触式体温计等卫生防护器材和防控器具。组织开展面向城乡社区工作者的医疗卫生知识、疫情防控知识培训，提高其做好社区防控工作的能力。

政策依据

《关于全面落实疫情防控一线城乡社区工作者关心关爱措施的通知》（国发明电〔2020〕8号）（见延伸阅读5－15）

（二）针对相关机构的经费保障政策

1. 对学校疫情防控进行经费保障

享受主体

全国各级学校

优惠内容

地方各级财政、教育部门要统筹安排上级教育转移支付和自有财力，进一步优化教育支出结构，加大对疫情防控重点地区学校的支持力度，提升学校防控能力，保障学校正常运转。

中央财政已提前下达的支持学前教育发展资金、城乡义务教育补助经费（公用经费补助部分）、改善普通高中学校办学条件补助资金、现代职业教育质量提升计划资金、支持地方高校改革发展资金等教育转移支付资金，由地方财政、教育部门及学校根据相关资金管理办法和学校疫情防控需要，安排用于学校疫情防控物资、设备采购等支出。

省级财政部门在分配下达2020年中央和省级相关教育转移

支付时，要向疫情防控重点市县倾斜。

政策依据

《关于切实做好学校疫情防控经费保障工作的通知》（财办教〔2020〕11号）

延伸阅读

5－16 关于切实做好学校疫情防控经费保障工作的通知

财办教〔2020〕11号

各省、自治区、直辖市、计划单列市财政厅（局）、教育厅（局、教委），新疆生产建设兵团财政局、教育局：

为深入贯彻落实习近平总书记重要指示批示精神和党中央、国务院决策部署，全力支持打赢疫情防控阻击战，按照《财政部关于进一步做好新型冠状病毒感染肺炎疫情防控经费保障工作的通知》（财办〔2020〕7号）和《教育部关于切实做好新型冠状病毒感染的肺炎疫情防控工作的通知》（教电〔2020〕29号）有关要求，现就做好学校疫情防控经费保障工作通知如下：

一、研究制定经费保障政策措施

地方各级财政、教育部门要认真贯彻落实习近平总书记重要指示批示精神，按照党中央、国务院决策部署，高度重视学校疫情防控工作，切实增强做好学校疫情防控工作的政治责任感、使命感和紧迫感，全力做好学校疫情防控经费保障工作。地方各级财政部门要积极主动与教育部门沟通协商，密切关注疫情对学校教育教学和学习生活成本等的影响，及时研究制定学校疫情防控经费保障政策措施，支持学校确保不因资金问题而影响疫情防控。

二、统筹安排教育经费预算

地方各级财政、教育部门要统筹安排上级教育转移支付和自有财力，进一步优化教育支出结构，加大对疫情防控重点地区学校的支持力度，提升学校防控能力，保障学校正常运转。中央财政已提前下达的支持学前教育发展资金、城乡义务教育补助经费（公用经费补助部分）、改善普通高中学校办学条件补助资金、现代职业教育质量提升计划资金、支持地方高校改革发展资金等教育转移支付资金，由地方财政、教育部门及学校根据相关资金管理办法和学校疫情防控需要，安排用于学校疫情防控物资、设备采购等支出。省级财政部门在分配下达2020年中央和省级相关教育转移支付时，要向疫情防控重点市县倾斜。

三、加快财政教育资金拨付使用

各地财政部门要有序规范组织资金调度，按照“急事急办、特事特办”的原则，加快资金拨付使用，确保学校疫情防控资金及时到位，并会同教育部门强化资金使用监管。要按照《关于疫情防控采购便利化的通知》（财办库〔2020〕23号）要求，建立采购“绿色通道”，根据学校疫情防控需要提高采购时效，保证采购质量。

四、指导学校加强疫情防控经费保障

地方各级教育部门要指导学校结合实际研究制定疫情防控工作经费保障方案，研判资金需求，细化经费保障措施，统筹用好财政资金、学校自有资金和社会捐赠等各渠道资金，确保学校疫情防控工作顺利开展。

五、加强政策跟踪和分析研判

各级财政、教育部门要及时跟踪有关财政经费保障政策的落实情况，发现问题及时研究解决。省级财政、教育部门要密切关注疫情发展态势，分析研判延期开学对各级各类学校学生返校、教育教学、学生资助政策落实等工作的影响，及时制定预案。

经费保障工作中的重要情况和问题，应及时向财政部、教育部报告。

联系人及联系电话：财政部科教和文化司 高瑛泽 010－68551959；教育部财务司 王俊 010－66097557

财政部办公厅　教育部办公厅

2020年2月7日

发布日期：2020年2月10日

2. 保障财政专项扶贫资金投入

享受主体

受疫情影响较重的市县

优惠内容

2020年中央财政将继续较大幅度增加专项扶贫资金规模，新增资金分配测算时向受疫情影响较重地区适当倾斜。各省（自治区、直辖市，以下简称省）要继续保障财政专项扶贫资金投入，在分配资金时结合实际对受疫情影响较重的市县给予倾斜支持，切实保障好这些地区脱贫攻坚资金需要，尽可能减少疫情对脱贫攻坚工作的影响。

政策依据

《关于积极应对新冠肺炎疫情影响加强财政专项扶贫资金项目管理工作　确保全面如期完成脱贫攻坚目标任务的通知》（国开办发〔2020〕5号）（见延伸阅读3－3）

3. 污染防治资金投入向受疫情影响较重的市县倾斜

享受主体

受疫情影响较大的困难行业企业

优惠内容

省份要继续保障财政污染防治资金投入，结合本地区疫情防控的实际，分配污染防治资金时要向受疫情影响较重的市县倾斜，给予积极支持，切实保障好这些地区污染防治资金需要。

根据疫情防控需要，水污染防治资金要支持开展应急监测和处置、加强饮用水水源地环境保护、垃圾填埋场地下水环境监管等，保障群众用水安全；土壤污染防治资金可支持废物应急处置，确保安全处置效果；农村环境整治资金要结合农村公共卫生体系建设，加强村庄生活污水和垃圾处理，切实提高卫生水平和环境质量。

政策依据

1.《关于加强污染防治资金管理　支持打赢疫情防控阻击战的通知》（财资环〔2020〕3号）

2.《关于进一步做好新型冠状病毒感染肺炎疫情防控经费保障工作的通知》（财办〔2020〕7号）（见延伸阅读2－2）

延伸阅读

5－17 关于加强污染防治资金管理
支持打赢疫情防控阻击战的通知

财资环〔2020〕3号

各省、自治区、直辖市财政厅（局）、生态环境厅（局），新疆生产建设兵团财政局、生态环境局：

为深入贯彻落实习近平总书记重要指示精神和党中央、国务院决策部署，支持打赢新冠肺炎疫情防控阻击战，现就积极应对疫情影响，做好污染防治资金管理工作通知如下：

一、环保支出要向受疫情影响较重的市县倾斜。各省份要继续保障财政污染防治资金投入，结合本地区疫情防控的实际，分配污染防治资金时要向受疫情影响较重的市县倾斜，给予积极支持，切实保障好这些地区污染防治资金需要，防止疫情次生灾害对生态环境和人民群众健康造成不良影响，支持打赢疫情防控阻击战。

二、资金使用要聚焦重点支出方向。根据疫情防控需要，水污染防治资金要支持开展应急监测和处置、加强饮用水水源地环境保护、垃圾填埋场地下水环境监管等，保障群众用水安全；土壤污染防治资金可支持废物应急处置，确保安全处置效果；农村环境整治资金要结合农村公共卫生体系建设，加强村庄生活污水和垃圾处理，切实提高卫生水平和环境质量。

三、优化资金安排程序。对已经安排下达的污染防治资金，可根据疫情实际需求，在现有规定范围内做适当调整，切实保障疫情防控经费需求。对疫情防控重点环保项目，应本着急事急办、特事特办的原则，可适当简化项目立项、入库审批程序，待疫情结束后统一备案。

四、抓紧推动项目实施。具备开工条件的生态环保项目，要在保证安全基础上，及时开工建设；暂时不能开工的，要提前谋划、采取措施，积极开展项目设计、评审等项目实施前期准备工作，一旦具备条件立即推动项目实施；确定不能按时执行的，可予以合理顺延。

五、加强资金监督管理。各级财政部门、生态环境部门切实加强相关污染防治资金管理，避免出现不按规定调整资金使用问题。各省份要加强对市县的指导，突出绩效导向，实行全过程绩效管理。

各地要充分认识当前疫情防控形势下做好污染防治工作的重要性，积极应对、认真履职、主动作为，加强部门间协同配合，切实把各项工作抓实抓细，发挥财政支持打好污染防治攻坚战重要作用。

财政部　生态环境部

2020 年 2 月 20 日

发布日期：2020 年 2 月 22 日

4. 保障确诊试剂、疫苗、有效药物等科研攻关的资金需求

享受主体

确诊试剂、疫苗、有效药物等的研制机构

优惠内容

根据肺炎疫情科研攻关需要，加大资金支持，全力配合相关部门及时拨付资金，切实保障研制快速简易确诊试剂、疫苗、有效药物等科研攻关的资金需求。全力配合相关部门加大对疫苗研究的支持力度，争取尽早投入使用。

政策依据

《关于进一步做好新型冠状病毒感染肺炎疫情防控经费保障工作的通知》（财办〔2020〕7 号）（见延伸阅读 2－2）

延伸阅读索引

1 –1 关于支持新型冠状病毒感染的肺炎疫情防控有关个人所得税政策的公告

2 –1 关于疫情防控采购便利化的通知

2 –2 关于进一步做好新型冠状病毒感染肺炎疫情防控经费保障工作的通知

2 –3 关于国有金融企业积极做好疫情防控捐赠有关事项的通知

2 –4 关于进一步强化金融支持防控新型冠状病毒感染肺炎疫情的通知

2 –5 关于用好内外贸专项资金支持稳外贸稳外资促消费工作的通知

2 –6 关于支持金融强化服务 做好新型冠状病毒感染肺炎疫情防控工作的通知

2 –7 关于打赢疫情防控阻击战强化疫情防控重点保障企业资金支持的紧急通知

2 –8 关于加快拨付贴息资金 强化疫情防控重点保障企业资金支持的补充通知

2 –9 关于防控新型冠状病毒感染的肺炎疫情进口物资免税政策的公告

2 –10 海关总署公告

2－11 关于新型冠状病毒感染的肺炎疫情防控期间免征部分行政事业性收费和政府性基金的公告

2－12 关于支持新型冠状病毒感染的肺炎疫情防控有关税收政策的公告

2－13 关于支持新型冠状病毒感染的肺炎疫情防控有关税收征收管理事项的公告

3－1 国务院办公厅关于应对新冠肺炎疫情影响强化稳就业举措的实施意见

3－2 关于切实支持做好新冠肺炎疫情防控期间农产品稳产保供工作的通知

3－3 关于积极应对新冠肺炎疫情影响加强财政专项扶贫资金项目管理工作 确保全面如期完成脱贫攻坚目标任务的通知

3－4 关于阶段性减免企业社会保险费的通知

3－5 关于应对疫情影响加大对个体工商户扶持力度的指导意见

3－6 关于支持个体工商户复工复业增值税政策的公告

3－7 关于支持个体工商户复工复业等税收征收管理事项的公告

3－8 关于民航运输企业新冠肺炎疫情防控期间资金支持政策的通知

3－9 关于优化纳税缴费服务配合做好新型冠状病毒感染肺炎疫情防控工作的通知

3－10 关于进一步延长 2020 年 2 月份纳税申报期限有关事项的通知

3－11 关于充分发挥税收职能作用 助力打赢疫情防控阻击战若干措施的通知

3－12 关于延长 2020 年 3 月纳税申报期限有关事项的通知

4－1 关于支持新型冠状病毒感染的肺炎疫情防控有关捐赠税收政策的公告

5－1 关于做好新型冠状病毒感染肺炎疫情防控期间学生资助工作的通知

5－2 关于新型冠状病毒肺炎疫情防控期间事业单位人员有关工资待遇问题的通知

5－3 关于因履行工作职责感染新型冠状病毒肺炎的医护及相关工作人员有关保障问题的通知

5－4 关于新型冠状病毒感染肺炎疫情防控有关经费保障政策的通知

5－5 国务院办公厅转发国家卫生健康委、人力资源社会保障部、财政部关于改善一线医务人员工作条件切实关心医务人员身心健康若干措施的通知

5－6 关于加强新冠肺炎疫情防控财税政策落实和财政资金监管工作的通知

5－7 关于全面落实进一步保护关心爱护医务人员若干措施的通知

5－8 关于调整卫生防疫津贴标准的通知

5－9 国务院应对新型冠状病毒感染肺炎疫情联防联控机制关于聚焦一线贯彻落实保护关心爱护医务人员措施的通知

5－10 关于做好中央派遣支援湖北省新冠肺炎疫情防控工作医务人员生活保障的通知

5－11 关于做好新型冠状病毒感染的肺炎疫情医疗保障的通知

5－12 关于做好新型冠状病毒感染的肺炎疫情医疗保障工

作的补充通知

5－13 关于进一步做好疫情防控期间困难群众兜底保障工作的通知

5－14 关于因履行工作职责感染新型冠状病毒肺炎的医护及相关工作人员有关保障问题的通知

5－15 关于全面落实疫情防控一线城乡社区工作者关心关爱措施的通知

5－16 关于切实做好学校疫情防控经费保障工作的通知

5－17 关于加强污染防治资金管理 支持打赢疫情防控阻击战的通知

—— 下　篇 ——
部分省市的财税政策

一、北京市

（一）支持医疗防护工作

1. 财政支持患者救治

第一，落实患者救治费用补助政策。对确诊新型冠状病毒感染的肺炎患者发生的医疗费用，在基本医保、大病保险、医疗救助等按规定支付后，个人负担部分由各级财政共同负担。第二，医疗保险基金保障。为做好医疗保险基金医疗保险待遇支出资金保障工作，提前拨付 2 月份医疗保险基金，全力保障患者救治。

2. 支持医疗卫生机构疫情防控工作

对于医疗卫生机构开展疫情防控工作所需的防护、诊断和治疗专用设备以及快速诊断试剂采购所需经费，由各级财政统筹予以安排。

3. 支持疫情防治工作者

第一，落实对参加防治工作的医务人员和防疫工作者的补助和奖励政策；对疫情防治临时性工作补助和奖金免征个人所得税。第二，医护及相关工作人员因履职而感染认定为工伤，压缩认定时间；开辟工伤待遇支付快捷通道，提供优质高效的疫情防控工伤保险服务。

4. 扶持受疫情影响的个人

第一，单位发给个人用于预防新型冠状病毒感染的肺炎的药品、医疗用品和防护用品等实物，不计入工资、薪金收入，免征个人所得税。第二，扩大对受疫情影响的个人贷款贴息支持范围，对已发放的个人创业担保贷款，借款人患新型冠状病毒感染肺炎的，可向贷款银行申请展期还款，财政部门继续给予贴息支持，对受疫情影响暂时失去收入来源的个人，优先给予支持。

（二）扶持重点企业生产

1. 扶持重点保障企业

规范疫情防控重点保障企业名单管理，对疫情防控物资保障有重要作用的重点医用物资、生活必需品生产企业，未纳入名单前可按照急事急办、特事特办原则，先向相关金融机构申请信贷支持，在金融机构审核的同时，及时申请纳入名单。市区两级财政对疫情防控重点保障企业资金需求应保尽保。

2. 金融支持企业融资

第一，专项再贷款。通过专项再贷款支持金融机构为重点保障名单内企业直接与疫情防控工作相关的生产、经营活动提供优惠利率贷款。第二，优化融资担保服务。对疫情期间提供生活服务保障的相关企业，担保费率降至 1.5% 以下；对疫情防控相关企业，担保费率降至 1% 以下。

3. 财政支持企业生产

第一，财政贴息。对享受人民银行专项再贷款支持的重点名单上的企业，中央财政按企业实际获得贷款利率的50%进行贴息。第二，税收优惠。疫情防控重点保障物资生产企业可以按月向主管税务机关申请全额退还增值税增量留抵税额；对其为扩大产能新购置的相关设备，允许一次性计入当期成本费用在企业所得税税前扣除。

4. 支持疫情防控企业用工

对春节期间开工生产、配送疫情防控急需物资且符合条件的企业给予一次性吸纳就业补贴；补贴金额根据2020年1月、2月社保增员人数，按照1000元/人标准予以确定；所需资金由各区就业专项资金负担。

（三）保障防疫物资供应

1. 降低税费成本

第一，税收减免。对纳税人运输疫情防控重点保障物资取得的收入，免征增值税；对纳税人提供公共交通运输服务、生活服务，以及为居民提供必需生活物资快递收派服务取得的收入，免征增值税；第二，进口关税减免。海关适当延长税款缴款书缴款期限和滞报金起征日；适度扩大捐赠物资免税进口范围，免征进口关税和进口环节增值税、消费税。对财政、卫生健康主管部门组织进口的直接用于防控疫情物资免征关税，已征收的应免税款可以退还。

2. 设立绿色通道，支持资金资产调拨

使用财政资性资金采购疫情防控相关货物、工程和服务的，可以不执行政府采购法规定的方式和程序；对于疫情防控期间涉及紧急资产调拨的，可先完成实物调拨，后补履行资产调拨审批手续；建立资金拨付绿色通道，做好同有关银行沟通协调，确保春节期间资金支付及时顺畅。

3. 支持防护物资进口

第一，开通防控物资通关“绿色通道”，设立进口疫情防控物资快速通关专用窗口或岗位，做到即到即提；简化防控物资应急通关流程，第一时间受理疫情防控相关的特殊物品审批。第二，扶持生物医药、医疗设备、跨境生鲜等行业企业扩大进出口，实现便捷通关；扩大捐赠免税进口物资范围。

4. 支持公益捐赠

企业和个人通过规定渠道捐赠用于应对新型冠状病毒感染的肺炎疫情的现金和物品，允许在计算应纳税所得额时全额扣除；企业和个人直接向承担疫情防治任务的医院捐赠用于应对新型冠状病毒感染的肺炎疫情的物品，允许在计算应纳税所得额时全额扣除；单位和个体工商户将自产、委托加工或购买的货物，通过规定渠道或者直接向承担疫情防治任务的医院，无偿捐赠用于应对新型冠状病毒感染的肺炎疫情的，免征增值税、消费税、城市维护建设税、教育费附加、地方教育附加。

（四）缓解疫情对特定行业的影响

1. 为文化行业纾困

对符合条件的中小文化企业融资，通过“投贷奖”政策给予贴息、贴租等奖励。对符合条件的小微、初创型文化企业房租，通过“房租通”政策给予房租补贴。

2. 为休闲娱乐行业纾困

对受疫情影响的滑冰滑雪场所给予适当额度用水用电补贴；

按照有关规定对经营规范、信誉良好的旅行社，全额退还旅行社质量保证金，待疫情结束后再适时重新缴纳。

3. 为生活必需品行业纾困

对受疫情影响严重或在疫情防控工作中保障市民基本生活的重点连锁餐饮（早餐）、菜店（生鲜超市）、便利店等网点设立项目，对其给予房屋租金等支持，支持比例上限由原50%提高至70%。

4. 为其他困难行业纾困

对于因疫情影响暂停举办的展会项目，如年内继续在京举办且参展中小微企业数量超过参展企业总数的50%，给予一定的场租费用补贴；降低出租车运营成本，鼓励出租车企业适度减免承包金；市区可对出租车企业给予一定运营补贴。

（五）降低企业要素成本

1. 减免中小微企业房租

中小微企业承租京内市属国有企业房产从事生产经营活动，按照政府要求坚持营业或依照防疫规定关闭停业且不裁员、少裁员的，免收2月份租金。承租京内市属国有企业房产用于办公用途的，减收2月份租金的50%。对承租其他经营用房的，鼓励业主减免租金，由市区政府给予一定资金补贴或优先予以政策扶持。

2. 补贴小微企业研发成本

对中关村国家自主创新示范区内的科技型小微企业，根据研发投入实际情况，给予每家最高不超过20万元的研发费用补助。

3. 降低企业用电成本

第一，自2020年2月1日起至6月30日止，对于除高耗能行业外执行一般工商业及其他电价、大工业电价的电力用户，到户电费按照原标准的95%结算。第二，自2020年2月7日起至6月30日止，对疫情防控期间暂不能正常开工、复工的两部制电力用户，放宽容（需）量电价计费方式变更周期和减容（暂停）期限；对因满足疫情防控需要扩大产能的企业，容（需）量电费不受原合同最大需量限制，超过部分按实收取。

（六）降低企业税费成本

1. 增值税减免

阶段性减免增值税小规模纳税人增值税，自2020年3月1日至5月31日，对增值税小规模纳税人，适用3%征收率的应税销售收入，减按1%征收率征收增值税；适用3%预征率的预缴增值税项目，减按1%预征率预缴增值税。

2. 个人所得税减免

自2020年3月1日至5月31日，对个体工商户、个人独资企业和合伙企业，代开货物运输服务增值税发票，统一按代开发票金额的0.5%预征个人所得税。

3. 阶段性减免企业基本养老保险、失业保险、工伤保险

2020年2月至4月，减半征收大型企业、民办非企业单位、社会团体等各类社会组织三项社会保险单位缴费部分；2020年2月至2020年6月，免征中小微企业和其他特殊类型单位三项社会保险单位缴费部分；受疫情影响生产经营出现严重困难的参保单位，可申请缓缴，审核通过后，缓缴期间免收滞纳金。

4. 阶段性免征职工基本医疗保险单位缴费

对本市所有参加职工基本医疗保险的用人单位，2020 年 2 月至 2020 年 6 月的职工基本医疗保险单位缴费部分实行减半征收；实施减征期间，不影响参保人员享受当期待遇。

5. 停征部分行政事业性收费

自 2020 年 2 月 5 日起，对我市中小微企业停征“特种设备检验检测费”“占道费”；自 2020 年 2 月份起，对我市中小微企业停征污水处理费。

（七）降低企业融资成本

1. 降低普惠性企业融资成本

加快和扩大 LPR 定价基准的运用，推动 2020 年全市普惠型小微企业贷款综合融资成本较 2019 年再下降 0.5 个百分点。

2. 落实财政贴息政策

人民银行专项再贷款支持金融机构提供优惠利率信贷，对规定重点保障名单内的企业发放利率不超过最近一次公布的一年期 LPR 减 100 基点水平的优惠利率贷款。在此基础上，按企业实际贷款利率的 50% 进行贴息，贴息期限不超过 1 年。

3. 优化融资担保服务

疫情期间，本市政府性担保机构对受疫情影响严重的中小微企业降低综合费率 0.5 个百分点；对疫情期间提供生活服务保障的相关企业，担保费率降至 1.5% 以下；对疫情防控相关企业，担保费率降至 1% 以下。

4. 发挥创业担保贷款政策扶持作用

对受疫情影响暂时失去收入来源的小微企业开通绿色通道，优先办理贷款担保和贷款发放相关手续。

5. 加强创新型中小微企业融资服务

第一，降低融资成本。进一步降低十大高精尖产业和中关村国家自主创新示范区等地区资金困难的中小微企业贷款利率。第二，增加信贷额度。力争2020年科创类企业贷款同比增长不低于15%，有贷款余额的户数同比增长不低于15%。第三，信用降级豁免。针对因疫情造成中小微企业信用评级负面影响的，暂不予以信用降级。第四，财政扶持。对符合条件的中关村创新型中小微企业给予贷款贴息以及债券、融资租赁费用补贴。

（八）扶持企业复工复产

1. 加大政府采购支持中小微企业力度

第一，进一步提高面向中小微企业采购的金额和比例；采购人执行协议供货或定点采购时，原则上优先选择中小微企业供应商。第二，对于非专门面向中小微企业的项目，对小型和微型企业产品价格给予10%的扣除，用扣除后的价格参与评审。第三，在与中小微企业签订政府采购合同时，鼓励减免收取履约保证金、适当提高预付款比例，付款期限缩短至30日以内。

2. 加大对中小微企业购买产品服务支持力度

第一，全市预算单位加大对中小微企业的倾斜力度，进一步提高面向中小微企业采购的金额和比例。第二，依托市中小企业公共服务平台发放中小微企业服务券，受疫情影响严重的企业采购远程办公、视频会议、法律咨询、在线检测、网络销售等指定服务产品的，给予不超过合同额50%的补贴，最高额度不超过20万元。

3. 帮助企业解决员工临时住宿问题

鼓励市管企业全资、控股的经济型酒店以优惠价格为外地务工人员提供临时住宿服务，将内部培训中心作为集中医学观察点，市财政给予适度奖励。

4. 加强企业复工复产风险保障

支持保险公司推出北京市复工复产企业疫情防控综合保险，将承接本市重大工程、重点项目的企业因疫情导致停工停产的损失纳入保障范围，市财政在疫情期间对保费给予50%补贴，保险期限不超过3个月。

（九）建立对企紧急容错机制

1. 延长企业亏损可结转年限

受疫情影响较大的困难行业企业2020年度发生的亏损，最长结转年限由5年延长至8年。

2. 临时性延期还本付息

延期还本付息政策重点支持前期经营正常、受疫情影响遇到暂时困难、发展前景良好的中小微企业；对于受疫情影响特别严重、遇到特殊困难的行业可适当予以倾斜；对2020年1月25日至2020年6月30日期间按照合同约定借款人需归还本金或利息的贷款，可执行延期还本付息，最长可延至2020年6月30日；对于少数受疫情影响严重、恢复周期较长且发展前景良好的中小微企业，可根据实际情况协商确定另外的延期安排。

3. 经营困难企业延期纳税

受疫情影响纳税申报困难的中小微企业，可依法办理延期缴纳税款，最长不超过3个月。对受疫情影响的“定期定额”户，结合实际情况合理调整定额，或简化停业手续。

4. 落实社保费缓缴工作

我市暂定将 1 月、2 月应缴社会保险费征收期延长至 3 月底，延长期间各项社会保险待遇正常享受。职工参保登记、缴费等业务允许疫情结束后补办，不收取滞纳金，不影响个人权益记录。

（十）实施援企稳岗政策

1. 合理分担企业稳岗成本

第一，保险费返还。对受疫情影响较大，面临暂时性生产经营困难且恢复有望、坚持不裁员或少裁员的参保企业，可按 6 个月的上年度本市月人均失业保险金标准和参保职工人数，返还失业保险费。第二，保险费补贴。对受疫情影响较大，符合首都功能定位和产业发展方向的中小微企业，截至 4 月底企业职工平均人数与上年平均人数相比持平或增长的，一次性给予该企业 3 个月实际缴纳社会保险费一定比例的补贴；截至 4 月底企业职工平均人数与上年平均人数相比增长 20% 及以上的，一次性给予该企业 3 个月应缴纳社会保险费 50% 的补贴。第三，职工技能培训补贴。对于享受上述政策的企业，需要组织职工参加职业技能培训，可按每人 1000 元的标准享受一次性技能提升培训补贴。

2. 促进就业困难群体就业

用人单位招用本市登记失业人员和城乡就业困难人员，依法签订一年及以上期限劳动合同且按规定缴纳职工社会保险、按月足额发放不低于本市职工最低工资标准 1.2 倍工资的，可按规定申请享受岗位补贴、社会保险补贴。

3. 鼓励经营性人力资源服务机构参与公共就业服务

为重点企业提供职业介绍服务的经营性人力资源服务机构，在疫情防控期间给予一次性就业创业服务补助。补助标准为：推荐成功上岗人数为50人（含）以上的，补助2.4万元；100人（含）以上的，补助4.5万元；200人（含）以上的，补助9万元。所需资金由市级就业专项资金负担。

4. 维护劳动关系稳定

第一，对于企业要求在家上班的，正常支付工资；保障职工合理的休息休假，稳定工作岗位，第二，保障因防控疫情推迟开学的企业职工看护未成年子女期间工资待遇。第三，企业保障患病职工依法享有医疗期和病假工资，不得解除劳动关系；企业应妥善安置因疫情被隔离人员和未及时返京复工人员。第四，稳定留鄂人员劳动关系，对其所在用人单位实施临时性岗位补贴政策。

相关政策延伸阅读索引

1.《关于做好疫情防控期间维护劳动关系稳定有关问题的通知》（京人社劳字〔2020〕11号），2020年1月23日。

2.《北京市财政局关于转发〈财政部办公厅关于疫情防控采购便利化的通知〉的紧急通知》（京财采购〔2020〕134号），2020年1月26日。

3.《关于新型冠状病毒感染肺炎疫情防控经费保障政策的

通知》(京财社〔2020〕135号),2020年1月27日。

4.《北京市财政局:决不能因为费用问题延误救治和疫情防控》,2020年1月27日。

5.《关于进一步做好疫情防控期间本市人力资源和社会保障相关工作的通知》(京人社办发〔2020〕2号),2020年1月31日。

6.《关于切实做好新型冠状病毒感染肺炎疫情防控期间我市社会保险经办工作的通知》,2020年1月31日。

7.《关于因防控疫情推迟开学企业职工看护未成年子女期间工资待遇问题的通知》(京人社劳字〔2020〕13号),2020年1月31日。

8.《关于防控新型冠状病毒感染的肺炎疫情进口物资免税政策的公告》(财政部　海关总署　税务总局公告2020年第6号),2020年2月1日。

9.《北京市人民政府办公厅关于应对新型冠状病毒感染的肺炎疫情影响促进中小微企业持续健康发展的若干措施》(京政办发〔2020〕7号),2020年2月5日。

10.《关于支持新型冠状病毒感染的肺炎疫情防控有关个人所得税政策的公告》(财政部　税务总局公告2020年第10号),2020年2月6日。

11.《关于支持新型冠状病毒感染的肺炎疫情防控有关捐赠税收政策的公告》(财政部　税务总局公告2020年第9号),2020年2月6日。

12.《关于支持新型冠状病毒感染的肺炎疫情防控有关税收政策的公告》(财政部　税务总局公告2020年第8号),2020年2月6日。

13.《关于做好疫情防控期间有关就业工作的通知》（京人社就字〔2020〕14 号），2020 年 2 月 6 日。

14.《北京市财政局　北京市发展和改革委员会关于新型冠状病毒感染的肺炎疫情防控期间对我市中小微企业停征特种设备检验检测费的通知》（京财综〔2020〕192 号），2020 年 2 月 7 日。

15.《北京市财政局　北京市发展和改革委员会关于新型冠状病毒感染的肺炎疫情防控期间对我市中小微企业停征污水处理费（非居民）的通知》（京财综〔2020〕194 号），2020 年 2 月 7 日。

16.《北京市财政局　北京市发展和改革委员会关于新型冠状病毒感染的肺炎疫情防控期间对中小微企业停征占道费的通知》（京财综〔2020〕193 号），2020 年 2 月 7 日。

17.《北京市财政局关于新型冠状病毒感染肺炎疫情防控期间加大政府采购支持中小微企业力度的通知》（京财采购〔2020〕195 号），2020 年 2 月 7 日。

18.《北京市人民政府国有资产监督管理委员会关于落实京政办发〔2020〕7 号文减免中小微企业房租的通知》（京文资函〔2020〕8 号），2020 年 2 月 7 日。

19.《关于应对疫情影响支持中小微企业稳定就业岗位有关问题的通知》（京人社就字〔2020〕15 号），2020 年 2 月 7 日。

20.《北京海关关于支持新冠肺炎疫情防控帮扶企业复工复产有关措施的公告》（中华人民共和国北京海关公告 2020 年第 6 号），2020 年 2 月 12 日。

21.《北京市财政局关于加强金融服务支持做好新型冠状病毒感染肺炎疫情防控工作的通知》（京财金融〔2020〕242

号)，2020 年 2 月 13 日。

22.《关于强化疫情防控重点保障企业资金支持的紧急通知》(京财金融〔2020〕251 号)，2020 年 2 月 14 日。

23.《国家税务总局北京市税务局关于进一步延长 2020 年 2 月份纳税申报期限有关事项的通告》(税总函〔2020〕27 号)，2020 年 2 月 17 日。

24.《北京市文化改革和发展领导小组办公室关于应对新冠肺炎疫情影响促进文化企业健康发展的若干措施》(京文领办发〔2020〕1 号)，2020 年 2 月 19 日。

25.《关于做好新型冠状病毒肺炎疫情防控期间稳定劳动关系支持企业复工复产的实施意见》(京人社劳字〔2020〕23 号)，2020 年 2 月 19 日。

26.《北京市文化产业“投贷奖”风险补偿资金管理办法(试行)》，2020 年 2 月 22 日。

27.《关于支持个体工商户复工复业增值税政策的公告》(财政部　税务总局公告 2020 年第 13 号)，2020 年 2 月 28 日。

28.《转发国家发展改革委关于阶段性降低企业用电成本支持企业复工复产文件的通知》，2020 年 2 月 28 日。

29.《财政部　税务总局关于支持个体工商户复工复业等税收征收管理事项的公告》(国家税务总局公告 2020 年第 5 号)，2020 年 3 月 3 日。

30.《关于延长 2020 年 3 月纳税申报期限有关事项的通知》(税总函〔2020〕37 号)，2020 年 3 月 3 日。

31.《关于阶段性减征职工基本医疗保险单位缴费的通知》(京医保发〔2020〕11 号)，2020 年 3 月 4 日。

32.《中国银行保险监督管理委员会北京监管局　中国人民

银行营业管理部　北京市地方金融监管局关于进一步落实中小微企业贷款临时性延期还本付息政策的措施》，2020 年 3 月 6 日。

33.《关于阶段性减免三项社会保险费和办理缓缴有关事项的通知》（京社保发〔2020〕2 号），2020 年 3 月 8 日。

34.《关于做好北京市阶段性减免企业社会保险费工作的通知》（京人社养字〔2020〕29 号），2020 年 3 月 8 日。

35.《关于稳定滞留湖北未返京人员劳动关系有关措施的通知》（京人社办字〔2020〕30 号），2020 年 3 月 11 日。

36.《北京市人民政府办公厅印发〈关于全力做好疫情防控工作保障企业有序复工复产的若干措施〉的通知》（京政办发〔2020〕10 号），2020 年 3 月 16 日。

二、上海市

（一）支持个人防护政策

1. 针对新冠病毒感染相关人员

补助确诊患者发生的医疗费用。在基本医保、大病保险、医疗救助等按规定支付后，个人负担部分由中央和市级财政予以补助（沪财社〔2020〕6 号）。

对病毒感染相关人员提供就业保障。企业应当按正常出勤对新型冠状病毒感染的肺炎患者、疑似病人、密切接触者，支付其在隔离治疗期间或医学观察期间以及因政府实施隔离措施或采取其他紧急措施期间的工资报酬，且不得与职工解除劳动合同。劳动合同到期的，应分别顺延至职工医疗期期满、医学观察期期满、隔离期期满或者政府采取的紧急措施结束（沪人社办〔2020〕38 号）。

适当延长病毒感染相关人员贷款还款期限。对已发放的个人创业担保贷款，借款人患新型冠状病毒感染肺炎或受疫情影响暂时失去收入来源的，可申请展期还款，展期期限原则上不超过 1 年，并可继续享受财政贴息支持（沪人社就〔2020〕52 号）。

2. 针对防疫工作人员

给与临时性工作补助。对于直接接触待排查病例或确诊病例，诊断、治疗、护理、医院感染控制、病例标本采集和病原检测等工作相关人员，给予每人每天 300 元补助；对于参加疫情防控的其他防疫工作人员，给予每人每天 200 元补助（沪财社〔2020〕6 号）。按照政府规定取得的补助和奖金以及单位发给个人的疫情防护用品，免征个人所得税（沪府规〔2020〕3 号）。鼓励保险机构为支援湖北及参与疫情防治的本市医务人员和防疫工作者，免费提供意外伤害及定期寿险保障（沪府规〔2020〕3 号）。

明确工伤认定标准。在预防和救治工作中，医护及相关工作人员因履行工作职责，感染新型冠状病毒肺炎或因感染新型冠状病毒肺炎死亡的，认定为工伤，依法享受工伤保险待遇（沪人社办〔2020〕38 号）。在工伤认定时，要特事特办、随报随办，及时落实相关待遇（沪人社办〔2020〕39 号）。

3. 针对普通民众

坚持维护劳动者合法权益。对因疫情导致劳动者暂不能返岗提供正常劳动的，企业不得解除劳动合同或退回劳务派遣用工（沪人社就〔2020〕52 号）。对于在延长春节假期期间提供正常劳动的职工，企业应安排补休或按规定支付加班工资。因受疫情影响要求职工推迟复工，在一个工资支付周期内的，应按劳动合同规定的标准支付职工工资；超过一个工资支付周期的，支付的工资不得低于本市最低工资标准（沪人社办〔2020〕38 号）。

降低部分居民税收负担。对纳税人运输疫情防控重点物资和提供公共交通运输服务、生活服务，以及为居民提供必需生活物资快递收派服务取得的收入，免征增值税（沪府规〔2020〕3 号）。单位发给个人用于预防新型冠状病毒感染的肺炎的药品、医疗用品和防护用品等实物（不包括现金），不计入工资、薪金收入，免征个人所得税（财政部　税务总局公告2020 年第 10 号）。免除定期定额个体工商户税收负担。疫情防控期间，按照定期定额纳税的个体工商户依法免于缴纳定额税款（沪府规〔2020〕3 号）。

灵活处理社会保险相关事宜。

一是延长社会保险缴费期。因受疫情影响未能按时办理参保登记、缴纳社会保险费等业务的，允许其在疫情结束后补办；参保单位或个人提交的经办材料存在缺失的，允许其通过“先办后补”、书面承诺等方式先行办理，对确需到经办大厅办事的群众，按照“等候时间不超过 10 分钟、办理（咨询）业务不超过 10 分钟”的目标，合理调配窗口一线工作力量，优化服务流程（沪人社办〔2020〕39 号）。

二是调整职工社会保险缴费年度。2020 年起，职工社会保险缴费年度起止日期调整为当年 7 月 1 日至次年 6 月 30 日，2019 年职工社会保险缴费年度顺延至 2020 年 6 月 30 日（沪人社办〔2020〕44 号）。

三是适当下调职工医保费率。在确保参保人员医疗保险待遇水平不降低、保证医疗保险制度平稳运行的前提下，2020 年暂将职工医疗保险单位缴费费率下调 0.5 个百分点（沪府规〔2020〕3 号）。

四是扩大保险理赔范围。对受疫情影响受损的出险理赔客户，做到应赔尽赔快赔。支持将意外险、疾病险等保险责任范围扩展至新型冠状病毒感染肺炎等（沪府规〔2020〕3 号）。

（二）降低企业税费成本

1. 延期申报、缴纳相关税费

疫情防控期间，受疫情影响的纳税人可依法申请延期申报、缴纳税款，延期期限不超过 3 个月（沪府规〔2020〕3 号）。参保单位逾期缴纳社会保险费的，在向本市社保经办机构报备后，不收取滞纳金，不影响参保职工个人权益记录，相关补缴手续可在疫情解除后 3 个月内完成（沪人社办〔2020〕44 号）。

2. 加大对防疫重点企业财税支持力度

疫情防控重点物资生产企业扩大产能新购置设备，允许在所得税税前一次性扣除，全额退还增值税增量留抵税额；企业已签订外销合同的外销重点防疫物资因政府征用转为内销的，企业不承担由此增加的税收负担（沪府规〔2020〕3 号）。对相关防疫药品和医疗器械免收注册费，免征民航公司应缴纳的民航发展基金（沪府规〔2020〕3 号）。

3. 对相关企业和个人给予税收优惠

疫情防控期间，对于房产或土地被政府应急征用的企业，可申请减免相应的房产税、城镇土地使用税。对受疫情影响较大的困难行业企业2020年度发生的亏损，最长结转年限由5年延长至8年。鼓励社会力量积极为疫情防控捐赠现金和物资，并可按照规定在所得税税前全额扣除，相关捐赠货物免征增值税、消费税和附加税费（沪府规〔2020〕3号）。

4. 对进口防疫物资实行税收优惠

对捐赠用于疫情防控的进口物资免征进口关税和进口环节增值税、消费税，对市卫生健康主管部门组织进口的直接用于防控疫情物资免征关税，对已征收的应免税款予以退还（沪府规〔2020〕3号）。

5. 实施失业保险稳岗返还政策

2020年，继续对不裁员、少减员、符合条件的用人单位返还单位及其职工上年度实际缴纳失业保险费总额的50%（沪人社办〔2020〕44号）。

（三）降低企业融资成本

1. 建立防疫重点企业名单管理机制

根据疫情防控需要和企业规范生产经营情况，对名单实施动态调整（沪财发〔2020〕2号）。

2. 加强对防疫重点企业专项金融信贷支持

鼓励上海市金融机构积极使用人民银行专项再贷款政策，对重点医疗防控物资和生活必需品生产、运输和销售的重点企业、小微企业，提供优惠利率贷款，由财政再给予50%的贴息，确保企业贷款利率低于1.6%，财政贴息期限不超过1年（沪财发〔2020〕2号）。鼓励浦发银行、上海银行、上海农商银行加大对抗击疫情和受疫情影响较大行业及中小微企业的信贷投放，疫情防控期间相关贷款利率参照同期贷款市场报价利率（LPR）至少减 25 个基点，鼓励其他在沪金融机构参照执行（沪府规〔2020〕3 号）。

3. 加强对防疫重点企业和中小微企业融资担保支持

增加政策性融资担保贷款规模，确保 2020 年新增政策性融资担保贷款比上年度增加 30 亿元以上。建立防疫重点企业融资担保绿色通道，对防疫重点企业和受疫情影响较大的中小微企业，对其在疫情防控期间新申请的银行贷款（包括无还本续贷和展期贷款），融资担保费率降至 0.5%/年，再担保费率减半收取，对创业担保贷款继续免收担保费（沪财发〔2020〕2 号）。

4. 加大对流动资金困难企业的支持力度

加大对旅游、住宿餐饮、批发零售、交通运输、物流仓储、文化娱乐、会展等受疫情影响较大行业信贷支持，通过变更还款安排、延长还款期限、无还本续贷等方式，对到期还款困难企业予以支持，不抽贷、不断贷、不压贷。加快建立线上续贷机制，如因疫情影响导致贷款逾期，可合理调整有关贷款分类评级标准。（沪府规〔2020〕3 号）

（四）降低企业要素成本

1. 减免部分企业房屋租金

市级行政事业单位将自有房屋出租给中小企业的，免除 2020 年 2 月和 3 月的房屋租金（沪财资〔2020〕4 号）。积极引导和鼓励市、区级创业孵化示范基地减免在孵创业企业房租或允许在孵创业企业缓交房租（沪人社就〔2020〕52 号）。

2. 降低政府采购中供应商的交易成本

对信用记录良好的供应商（特别是中小企业）给予减免投标保证金、履约保证金等支持措施。确需收取保证金的，应允许供应商自主选择以保函、支票、汇票、本票等非现金形式提交或缴纳。已缴纳的保证金因履约周期过长等因素造成供应商资金周转困难的，允许供应商以保函等具有同等法律效力的方式置换（沪财采〔2020〕5号）。

（五）实施适当的财政补贴政策

1. 实施培训费补贴政策

对受疫情影响的本市各类企业，在停工期间组织职工（含在企业工作的劳务派遣人员）参加各类线上职业培训的，按实际培训费用享受95%的补贴（沪人社办〔2020〕44号）。对完成线上培训的职工，原则上每人每个培训项目实际补贴的培训费用最高不超过600元，每人可享受不超过3次补贴，在上一个培训项目结束后方可参加下一个培训项目，同一培训项目不得重复享受补贴（沪人社职〔2020〕49号）。

2. 支持重点防疫物资供销企业扩产增能、增加进口

对政府应急征用的企业为生产防疫物资实施的应急技术改造项目，经认定后给予项目总投入50%—80%的财政补贴。对应急征用企业生产政府指定的特定防疫物资形成的投入，最高可给予全额支持；因生产成本高于实际售价而产生的政策性亏损，由市级财政给予全额补贴；疫情防控工作结束后，企业难以消化的剩余物资，按照规定通过政府储备和包销予以解决（沪府规〔2020〕3号）。

3. 鼓励企业稳定岗位、持续经营

对春节期间（截至2020年2月9日）开工生产、配送疫情防控急需物资的企业，符合条件的可给予一次性吸纳就业补贴，按照实际复工生产人数计算，标准为每人1500元，每户企业补

贴上限为500万元。对受疫情影响较大的困难行业（住宿餐饮、文体娱乐、交通运输、旅游行业）企业给予稳就业补贴，按照企业申请时的上月实际缴纳城镇职工社会保险人数计算，标准为每人800元，每户企业补贴上限为500万元。自2020年2月5日起，对经营规范、信誉良好的旅行社，暂时退还旅游服务质量保证金80%，至2022年2月5日前返还；对生活服务业中的文化事业建设费缴费人，视其受疫情影响程度和实际缴纳费额的情况给予一定的财政补贴（沪府规〔2020〕3号）。

（六）支持企业科研攻关

1. 支持疫情防控创新产品研制攻关

组织实施上海市新型冠状病毒诊断与治疗创新品种研发及产业化专项，通过战略性新兴产业专项资金、产业转型升级专项资金、科技创新计划专项资金等渠道给予支持，推动疫情防控创新产品快速形成有效产能并投入应用（沪府规〔2020〕3号）。医疗卫生机构开展疫情防控工作所需的防护、诊断和治疗专用设备以及快速诊断试剂采购所需经费，由同级财政按机构隶属关系分别予以安排（沪财社〔2020〕6号）。

2. 支持鼓励与疫情防控相关的科技创新企业在上海证券交易所科创板上市

鼓励创业投资、股权投资机构引导社会资本投向相关医疗设备、疫苗药品研发生产类企业（沪府规〔2020〕3号）。

（七）促进中小企业平稳健康发展

1. 培育支持新技术新模式新业态企业发展

加快培育网络购物、在线教育、在线办公、在线服务、数字娱乐、数字生活、智能配送等新业态新模式，大力发展网络诊疗、原创新药、医疗用品、医疗器械等健康产业，支持一批高成长创新型中小企业（沪府规〔2020〕3 号）。聚焦智能制造、医疗健康等疫情防控期间表现突出的新兴产业，挖掘培育一批“专精特新”企业。加大科技创新券对科技型中小企业支持力度，2020 年受理的科技创新券使用额度上限由 30 万元提高至 50 万元（沪府规〔2020〕3 号）。

2. 减免企业房屋租金

对承租本市国有企业的经营性房产从事生产经营活动的中小企业，免收 2 月、3 月租金；对间接承租的企业，确保租金减免落到实处。鼓励国有企业通过减免缓交等方式尽可能多让利给中小企业。鼓励大型商务楼宇、商场、园区等各类市场运营主体为实体经营的承租户减免租金。主动为租户减免房产或土地租金的企业可申请减免相应的房产税、城镇土地使用税（沪府规〔2020〕3 号）。

3. 减轻中小企业负担

支持电信运营企业为受疫情影响严重的中小企业免费提供 6 个月以上的云视频会议、云远程办公套件等服务。支持中国移动通信集团上海有限公司对“专精特新”中小企业及受疫情影响较为严重的旅游、文化娱乐、住宿餐饮等行业中小企业，最长减免 3 个月企业宽带等产品月租费，在疫情期间对企业互联网专线免费升速。对受疫情影响较大的中小企业以及生产疫情防控物资的中小企业，以融资租赁方式购置先进适用设备实施智能化改造、搭建智能化平台，符合市中小企业发展专项资金支持条件的，予以最高 100 万元重点支持；对受疫情影响较大的服务性中小企业主动减免 2—5 月份服务费用。

4. 加大失业保险稳岗返还力度

放宽失业保险稳岗返还政策中的裁员率条件，将裁员率条件放宽至不高于上年度全国城镇调查失业率控制目标；对于2019年底参加失业保险职工30人（含）以下的企业，裁员率放宽至不超过20%（沪人社就〔2020〕52号）。

5. 加大对中小微企业的信贷支持力度

对受疫情影响暂时失去收入来源的个人和小微企业，申请贷款时要予以优先支持（沪人社就〔2020〕52号）。对新申请中小微企业贷款的融资担保费率降至0.5%/年，再担保费率减半收取，对创业担保贷款继续免收担保费（沪府规〔2020〕3号）。对受疫情影响较大、到期还款困难但有发展前景的中小微企业，在严格审核的基础上，提供无还本续贷或展期的贷款担保，原享受财政贴息贴费支持的，政策期限顺延（沪财发〔2020〕2号）。协调商业银行加大中小企业信贷投放，安排300亿元专项信贷，精准帮扶企业积极应对疫情影响，不盲目抽贷、断贷、压贷；对确实存在还款困难的中小企业，可给予贷款展期和续贷。

6. 支持疫情防控相关企业上市

支持疫情防控相关企业进入“上海市改制上市培育企业库”，完善上海市科创企业上市服务联盟，帮助解决企业上市遇到的问题。对进入上市辅导备案阶段的拟上市企业，市中小企业发展专项资金给予改制费用奖励，最高50万元。

7. 其他相关支持政策

强化保险保障作用。针对急缺医疗物资、疫情防控用品企业的进口诉求，鼓励中国信保上海分公司积极开展进口预付款保险。（沪府规〔2020〕3号）

发挥政府采购逆周期调节作用。因疫情防控原因导致供应商不能履行政府采购合同的，采购人应与供应商友好协商，不得擅自解除。因货源地在重点疫区等原因导致无法供货，但供应商可提供能满足采购文件实质性技术要求且性能相当的替代产品的，鼓励采购人积极考虑和接受，相关情况向财政部门报备。供应商提供证明确因疫情防控原因不能履行合同的，可以解除合同，但要向财政部门报备（沪财采〔2020〕5 号）。

实施灵活用工政策。因受疫情影响导致生产经营困难的企业，可通过调整薪酬、轮岗轮休、弹性工时、综合调剂使用年度内休息日等方式稳定工作岗位，具体方式由企业与员工协商确定（沪府规〔2020〕3 号）。

（八）持续优化营商环境

1. 优化企业服务机制

积极发挥政务服务“一网通办”的便企服务作用，强化市民主页和企业专属网页功能，扩大“随申办”超级应用服务覆盖面，依托市“企业服务云”打通政策服务“最后一公里”，加快推进一批不见面审批事项落地。在国际贸易“单一窗口”平台开通中小外贸企业服务专窗，便利企业疫情防控期间不见面办理通关、物流、金融等一揽子进出口业务。进一步发挥市服务企业联席会议作用，及时回应和解决企业在生产、经营、投融资中的堵点和痛点问题（沪府规〔2020〕3 号）。

积极拓展“非接触”纳税服务，按照“尽可能网上办”原则，发挥“一网通办”优势，通过各类信息化渠道积极开展办税缴费、纳税咨询等服务，有效减少纳税人往返办税服务场所次数（沪财税〔2020〕7号）。

2. 优化政府采购营商环境

积极推进政府采购意向公开，采用网络手段扩大采购信息发布范围，方便供应商及时获取商机信息。依法合理设定提供采购文件、提交响应性文件等的时限，在非紧急的项目中可适当予以延长，进一步提高政府采购透明度。优化完善政府采购流程，营造公平友善的竞争氛围，坚持公开、公平、公正原则，不得以不合理的条件对供应商实行差别待遇或者歧视待遇。加快办理保证金退还、合同签订、款项支付等事项，缓解供应商资金压力（沪财采〔2020〕5号）。

3. 完善企业信用修复机制

积极协助受疫情影响出现失信行为的企业开展信用修复工作，对受疫情影响暂时失去收入来源的企业，可依调整后的还款安排，报送信用记录。对因参与防疫工作而导致的企业延迟交货、延期还贷、合同逾期等失信行为，不将其列入失信名单。对受疫情影响无法如期履行或不能履行国际贸易合同的企业，支持上海市贸促会出具不可抗力事实性证明（沪府规〔2020〕3号）。

4. 加强法律服务保障

建立应急公共法律服务机制，优先采用线上、预约等方式办理公证、法律援助等法律服务事项。就不可抗力免责等防疫中的有关法律问题，及时向有需求的企事业提供指导建议。对于企业受疫情影响造成的合同履行、劳资关系等纠纷，及时组织律师、公证员、调解员等专业法律服务人员提供咨询、指引、调解服务（沪府规〔2020〕3号）。

（九）做好学校疫情防控工作

1. 加快财政教育资金拨付使用

中央财政已提前下达的2020年支持学前教育发展资金、城乡义务教育补助经费（公用经费补助部分）、现代职业教育质量提升计划资金和支持地方高校改革发展资金等中央教育转移支付资金，可由区财政局、教育局及相关学校根据相关资金管理办法和学校疫情防控工作需要，安排用于学校疫情防控物资、设备采购等支出。涉及项目预算调整的，应按相关资金管理办法要求，在事后履行有关调整程序。加强库款保障力度，有序规范组织资金调度，按照“急事急办、特事特办”的原则，加快资金拨付使用，确保学校疫情防控资金及时到位。建立采购“绿色通道”，根据学校疫情防控需要提高采购时效，保证采购质量（沪财教〔2020〕14号）。

2. 做好疫情防控期间学生资助工作

落实学生资助经费，切实保障家庭经济困难学生的基本学习生活需求。重点聚焦疫情严重地区、贫困地区、农村地区、边远地区，重点关注建档立卡、低保、特困救助供养、残疾等特殊困难学生群体，积极资助患病家庭经济困难学生，全面落实好各项学生资助政策（沪财教〔2020〕14号）。

3. 做好2020年上海高校毕业生就业工作

鼓励企业吸纳高校毕业生就业，市属和区属国有企业在今年招聘计划中，安排不低于50%的就业岗位，面向本市高校毕业生定向招聘。落实支持和促进重点群体就业的税收政策，对招聘符合条件的本市高校毕业生的企业，按有关规定在3年内以实际招用人数享受每人每年7800元的税费依次减免优惠。扩大高校毕业生基层就业项目规模，鼓励各区加大优秀高校毕业生人才储备力度，多渠道解决引进高校毕业生居住困难。推进高校毕业生就业创业见习计划，见习期间可享受当年城镇职工月最低工资标准的80%的生活费补贴。建设高校毕业生网络就业大市场，加强在线就业指导和困难帮扶。鼓励高校毕业生自主创业，毕业年度内从事个体经营的，3年内按每户每年1.44万元的限额依次扣减相关税费；对具有本市户籍、毕业2年以内的高校毕业生，在本市首次创办小微企业、个体工商户、农民合作社、民办非企业单位等创业组织满一年且按规定至少为一人缴纳城镇职工社会保险费满6个月的，可申请8000元的首次创业一次性补贴；毕业学年学生参加补贴培训目录内创业能力培训项目，可按规定的补贴标准享受80%培训补贴。落实国家适度扩大2020年硕士生和普通专升本招生计划部署，市属高校硕士研究生招生计划总量力争增加15%，专升本招生计划由占全市高校专科毕业生总量的8%增加到10%（沪府办规〔2020〕2号）。

（十）支持企业复工复产

1. 督促和帮助复工复产企业落实防疫安全措施

聚焦各类企业复工和生产经营所需，加强口罩、体温计、消毒液等防疫物资供应。依托长三角区域合作机制，发挥好行业协会、产业联盟等专业机构作用，通过原材料供应、物流运输等多种方式加强企业对接，切实帮助企业复产复工（沪府规〔2020〕3号）。

2. 降低企业用气成本

一般非居民用户天然气销售价格旺季（2020年2月22日

至3月31日，下同）降低10%，淡季（2020年4月1日至6月30日，下同）降低5%。化学工业区天然气销售价格旺季降低0.31元/立方米，淡季降低0.13元/立方米。漕泾热电天然气销售价格旺季降低0.31元/立方米，淡季降低0.01元/立方米。2020年2月22日至6月30日，天然气发电厂天然气销售价格降低0.01元/立方米。

3. 降低企业用电成本

自2020年2月1日起至6月30日止，阶段性降低企业电费，除高耗能行业用户外，统一按原到户电价水平的95%结算。实施支持性两部制电价政策，对暂不能正常开工、复工的企业，放宽容量电价计费方式变更周期和减容（暂停）期限，电力用户可申请减容、暂停、减容恢复、暂停恢复。对于疫情发生以来停工、停产的企业，可适当追溯减免时间。对因满足疫情防控需要扩大产能的企业，原选择按合同最大需量方式缴纳容（需）量电费的，实际最大用量不受合同最大需量限制，超过部分按实计取（超过合同最大需量105%及以内的仍按照合同最大需量计费）。对定点医疗机构、隔离场所、医疗队驻地、疫情检查站、疫情指挥部等疫情防控重点单位及场所，因疫情防控需要增加第2电源的，免收高可靠性供电费，降低用电成本。免收疫情防控相关企业电力业扩工程费用。

4. 阶段性减免企业社会保险费

从2020年2月到6月，免征中小微企业、以单位方式参保的个体工商户企业基本养老保险、失业保险、工伤保险单位缴费部分，职工个人缴费部分不予减免。从2020年2月到4月，减半征收大型企业等其他参保单位（包括民办非企业单位、社会团体等各类社会组织）三项社会保险单位缴费部分；职工个人缴费部分不予减免。受疫情影响生产经营出现严重困难的企业，可按有关规定申请缓缴社会保险费，缓缴执行期为2020年内，缓缴期限原则上累计不超过6个月，缓缴期间免收滞纳金。

5. 推动中小企业复工复产

在做好防疫防控措施的前提下，推动“专精特新”及产业链上关键零件、核心部件配套等重点中小企业应复尽复全复。加强防疫物资保障，依托“上海市企业服务云”开设防疫物资团购预约登记渠道，为全市中小企业获得口罩、口罩垫、消杀用品、防护服等防疫物资提供公益性服务，协助采购防护物资，每日用于中小企业复工复产复市的口罩数量不低于80万只。开设“复工复产专项保险”，加强与产业园区合作，为企业提供复工复产保险、营业场所封锁救助保险和员工感染法定传染病（包括新冠肺炎风险）确诊、身故和住院津贴等保险保障。

相关政策延伸阅读索引

1.《关于新型冠状病毒感染肺炎疫情防控有关经费保障政策的通知》（沪财社〔2020〕6号），2020年1月26日。

2.《关于应对新型冠状病毒感染肺炎疫情实施支持保障措施的通知》（沪人社办〔2020〕38号），2020年1月27日。

3.《上海市人力资源和社会保障局关于切实做好新型冠状病毒感染的肺炎疫情防控期间本市社会保险经办工作的通知》（沪人社办〔2020〕39号），2020年2月3日。

4.《关于支持新型冠状病毒感染的肺炎疫情防控减轻企业负担若干政策的通知》（沪人社办〔2020〕44号），2020年2月4日。

5.《关于做好本市受疫情影响企业职工线上职业培训补贴工作的通知》（沪人社职〔2020〕49号），2020年2月6日。

6.《关于贯彻落实新型冠状病毒感染的肺炎疫情防控期间免征部分行政事业性收费有关事项的通知》（沪财税〔2020〕8号），2020年2月7日。

7.《上海市人民政府关于印发上海市全力防控疫情支持服务企业平稳健康发展若干政策措施的通知》（沪府规〔2020〕3号），2020年2月8日。

8.《关于坚决贯彻落实支持防控新型冠状病毒感染的肺炎疫情有关税收政策的通知》（沪财税〔2020〕7号），2020年2月9日。

9.《关于做好疫情防控期间本市稳就业工作有关事项的通知》（沪人社就〔2020〕52号），2020年2月9日。

10.《市财政局　市发展改革委　市经济信息化委　人民银行上海分行　市审计局　市地方金融监管局关于本市全力防控疫情　对企业加大财政支持金融服务力度相关措施的通知》（沪财发〔2020〕2号），2020年2月10日。

11.《关于疫情防控期间稳妥有序开展本市政府采购活动的意见》（沪财采〔2020〕5号），2020年2月14日。

12.《上海市财政局　上海市教育委员会关于切实做好学校疫情防控经费保障工作的通知》（沪财教〔2020〕14号），2020年2月14日。

13.《关于做好疫情防控期间市级行政事业单位减免中小企

业房屋租金相关工作的通知》（沪财资〔2020〕4号），2020年2月28日。

14.《上海市经济和信息化委员会关于印发〈关于应对疫情影响进一步加强企业服务促进中小企业平稳健康发展的若干措施〉的通知》，2020年3月12日。

15.《上海市人力资源和社会保障局、上海市财政局关于本市实施阶段性减免企业社会保险费的通知》，2020年3月13日。

16.《上海市发展和改革委员会关于阶段性降低本市企业用电成本支持企业复工复产复市的通知》，2020年3月17日。

17.《上海市人民政府办公厅印发关于做好2020年上海高校毕业生就业工作若干意见的通知》，2020年3月17日。

18.《上海市发展和改革委员会关于阶段性降低本市非居民用户天然气价格支持企业复工复产复市的通知》，2020年3月17日。

19.《上海市人力资源和社会保障局等关于给予本市相关企业就业补贴应对疫情影响稳定就业岗位的通知》，2020年3月18日。

三、广东省

（一）支持个人防治

1. 患者防治费用

对于个人负担部分，所需资金由医院先行垫付。中央财政补助60%，其余40%部分由市县财政先行支付，届时由省财政统筹省以上资金按基本公共卫生服务的有关要求分档结算。

2. 一线医护人员奖助机制

第一，疫情防治人员临时性工作补助发放时限为突发公共卫生事件应急响应开始至响应终止之间的响应期。补助资金由市县先行垫付，届时据实结算。第二，广州市对参加疫情防治工作的医务人员和防疫工作者按照政府规定标准取得临时性工作补助和奖金，免征个人所得税。第三，安排落实一线医务人员的专项慰问资金，并通过困难职工帮扶基金加大对一线医务人员及其家属的支持帮扶力度。第四，定期组织免费提供食品配送、家政服务等，协调落实一线医务人员家庭基本生活用品供给保障。第五，畅通一线医务人员和家属通讯联络及网络沟通渠道，协调落实疫情防控期间减免一线医务人员电话费等费用。第六，广州市对直接接触排查病例或确诊；诊断、治疗、护理、医院感染控制、病例标本采集和病原检测等工作相关人员，按每人每天300元予以补助；对于疫情防控的其他义务人员和防疫工作者，每人每天200元予以补助。

3. 防疫福利税收政策

第一，对单位发给个人用于预防肺炎的药品、医疗用品和防护用品等实物，不计入工资、薪金收入，免征个人所得税。第二，对因疫情影响导致职工生活困难，单位根据国家有关规定从提留的福利费或者工会经费中支付给职工的生活补助费，免征个人所得税。第三，对个人因疫情原因按规定取得的工伤保险待遇，免征个人所得税。

（二）支持生活物资供应

1. 做好财政资金保障

省财政厅一次性预拨省粮食和储备局5亿元省级应对疫情紧急储备防控物资资金。第二，广州市“菜篮子”工程扶持等相关资金已紧急拨付下达至相关区，用于支持生猪养殖、保障猪肉供应。

2. 做好农产品稳产保供

第一，减免农业信贷担保相关费用。自2020年2月14日起至12月底，省农担公司对受疫情影响较大的相关新型农业经营主体符合“双控”范围的新增政策性担保业务，减半收取担保费，即对贷款主体按照0.5%—0.75%收取担保费。第二，省财政完善补贴政策，鼓励有关企业扩大禽肉、水产品收储，解决过剩滞销问题。

（三）优化政府采购营商环境

1. 开启采购绿色通道

认真落实疫情防控采购便利化的要求，按规定开启应急救援设备和物资采购绿色通道，全力保障应急救援设备和物资的及时供应。

2. 通过线上平台采购

各级采购人应当尽量通过“广东省电子化采购执行平台”执行采购的项目，该平台设置专区发布疫情采购需求信息和供应商供应信息，促进疫情防控相关物资的供需对接。

3. 建立采购资金预付制度

广州市各采购单位应当在政府采购合同中约定预付款，预付款比例原则上不低于合同金额的30%。项目分年安排预算的，每年预付款比例不低于项目年度计划支付资金金额的30%。与疫情防控有关的采购合同最高预付比例可达100%，切实增强供应商的履约能力。政府采购预付款应在合同签订生效以及具备实施条件后5个工作日内支付。

4. 加快政府采购资金支付进度

对于满足合同约定支付条件的进度款，原则上应当自收到发票后5个工作日内办理支付手续，确保资金及时支付到合同约定的供应商账户。疫情期间，采购单位应按照急事急办、特事特办的原则，全力支持供应商盘活政府采购项目存量资金，不得将采购文件和合同中未规定的义务作为向供应商付款的条件。

5. 进一步降低供应商交易成本

疫情期间，对受疫情影响严重的供应商（特别是中小微企业）应当取消或减少预付款担保。鼓励采购单位、采购代理机构对信用记录良好的供应商（特别是中小微企业）给予免收履约保证金或以保函等非现金形式缴纳等支持措施。已缴纳履约保证金因疫情影响或履约周期长等因素造成供应商资金周转困难的，应允许供应商以保函等具有同等法律效力的方式置换。

6. 推动落实采购合同线上融资业务

及时公开政府采购合同信息，主动告知供应商关于政府采购合同融资的相关信息，供应商申请贷款时，需要将采购合同收款变更开户行的，财政部门和采购单位应予以支持，协助供应商通过“中征应收账款融资服务平台”向银行上申请并获得融资。

（四）支持教育政策

1. 统筹安排教育经费预算

结合疫情防控实际情况，进一步优化教育支出结构，视情况适当加大对疫情防控重点区域学校的支持力度。对年度预算安排资金难以保障的学校，要“特事特办”、给予专项补助支持。

2. 提高拨付效率

加快财政教育资金拨付使用，确保学校疫情防控资金及时足额到位。建立疫情物资采购“绿色通道”，实行紧急采购，保质保量，同时会同教育部门强化资金使用监管。

3. 加强疫情防控经费保障

全省各级教育部门要加强指导学校结合实际情况，研判资金需求，研究制定学校疫情防控工作经费保障方案，统筹用好财政资金、学校自有资金和社会捐赠等各渠道资金。

4. 保障家庭经济困难学生学习生活

做好家庭经济困难学生的疫情防控帮扶工作，严格落实各项学生资助政策，帮助困难学生学习生活顺利开展。

（五）支持医疗科研攻关

1. 加强资金保障

广东省财政厅将防控新型冠状病毒感染科技攻关应急专项三轮首期启动资金分别为 650 万元、1150 万元和 910 万元下达给科技厅。

2. 落实税费政策

第一，落实好医疗机构免征增值税、房产税、城镇土地使用税等政策，切实减轻医疗机构税收负担。第二，全力支持疫情防控所需疫苗药品、医疗器械的科研攻关，辅导有关企业落实好技术转让和技术开发免征增值税、技术转让所得减免企业所得税、研究开发费用加计扣除、高新技术企业所得税优惠税率等优惠政策。第三，对企业取得的各级政府拨付的专项用于疫情防控、灾后重建等指定用途的财政性资金，符合条件的，准予作为不征税收入，不计入企业所得税应纳税所得额。

（六）加强经费管理

1. 加强疫情防控经费保障

第一，强化财政应急保障机制，结合实际制定新型冠状病疫情防控财政应急预案，强化与业务主管部门的联防联控机制；第二，把财政预算资金优先统筹用于疫情防控保障，要足额保障“三保”经费，按规定设立的预备费优先用于疫情防控，不得用于一般性开支；第三，各地财政部门要建立每日库款监控机制，加强库款形势分析研判，有序规范组织资金调度。

2. 加强财政资金绩效管理

对于防控新型冠状病毒感染科技攻关应急专项启动经费和中央财政补助基本公共卫生服务资金等财政资金加强资金监管，加强绩效目标监控和绩效评价，确保项目绩效目标如期实现。

（七）疫情防控捐赠政策

1. 通过公益性社会组织或县级以上人民政府及其部门捐赠

对企业和个人通过公益性社会组织或者县级以上人民政府及其部门等国家机关，捐赠用于应对新型冠状病毒感染的肺炎疫情的现金和物品，允许在计算应纳税所得额时全额扣除。

2. 直接向承担疫情防治任务的医院捐赠

对企业和个人直接向承担疫情防治任务的医院捐赠用于应对新型冠状病毒感染的肺炎疫情的物品，允许在计算应纳税所得额时全额扣除。

3. 自产、委托加工或购买货物的捐赠

对单位和个体工商户将自产、委托加工或购买的货物通过公益性社会组织和县级以上人民政府及其部门等国家机关或者直接向承担疫情防治任务的医院，无偿捐赠用于应对肺炎疫情的免征增值税、消费税、城市维护建设税、教育费附加、地方教育附加。

4. 进一步简化捐赠税前扣除办理流程

对个人发生公益捐赠时不能及时取得捐赠票据的，可暂凭公益捐赠银行支付凭证扣除。

5. 机关、企事业单位统一组织员工捐赠

对机关、企事业单位统一组织员工开展公益捐赠的，可凭汇总开具的捐赠票据和员工明细单在个人所得税税前扣除。

6. 直接捐赠

对直接向承担疫情防治任务的医院捐赠的，可凭医院捐赠接收函办理税前扣除事宜。

（八）支持企业防控疫情和复工复产

1. 降低企业物业成本

一是减免企业租金。国有资产类经营用房对受疫情影响较大不能正常经营的民营承租企业免收第一个月租金，减半收取第二、三个月租金；鼓励其他物业持有人根据实际情况，适当减免租金。

二是租金补贴。广州市通过对产业园区、科技孵化器和专业市场等非国有物业业主的租金补贴，鼓励其减免和降低承租户租金，减轻中小微企业和个体工商户的租金压力。

2. 降低企业税费成本

一是优化办税服务。第一，申开电子发票。在疫情防控期间，纳税人申领发票、代开发票实行网上申请、免费（暂定到2月底）配送服务，贯彻落实全面放开小规模纳税人自开专用发票新政，满足中小微企业复工后生产经营用票需求，鼓励和引导纳税人开具和申请代开电子发票。第二，拓展“非接触式”办税服务。依托电子税务局、掌上税务局网上办税渠道，全面提供“一网通办”“一次不用跑”“一键通答”等“非接触式”办税服务。第三，对受疫情影响，纳税人未能及时履行纳税义务的，不影响其信用评价。

二是增值税。落实小规模纳税人增值税税率阶段性由3%降至1%的政策。广州市对纳税人运输疫情防控重点保障物资取得的收入免征增值税等政策，确保疫情防控重点医疗物资生产及运输工作。落实对疫情防控重点保障物资生产企业按月向主管税务机关申请全额退还增值税增量留抵税额政策，并优先加快办理，缓解企业经营资金压力。对纳税人提供公共交通运输服务、生活服务，以及为居民提供必需生活物资快递收派服务取得的收入免征增值税。

三是企业所得税。对企业为防控疫情实际发生的加班人员或临时聘用人员工资福利支出、工作人员劳动保护支出等各项合理支出，准予计入当期成本费用在企业所得税税前扣除。广州市积极落实对疫情防控重点保障物资生产企业为扩大产能新购置的相关设备允许一次性计入当期成本费用在企业所得税税前扣除。

四是社会保险费。第一，缓缴社会保险费。受疫情影响生产出现严重困难的企业，可申请缓缴社保费，缓缴期限原则上不超过6个月，缓缴期间免收滞纳金。第二，阶段性减免社保费。中小微企业、以单位形式参保的个体工商户划型后符合享受免征政策的，2020年2月至6月的单位缴费予以免征；大型企业及其他单位2020年2月至4月的单位缴费减半征收。已实施阶段性降费的统筹地区，职工医保单位缴费费率按降费前费率的50%征收；未实施阶段性降费的统筹地区，职工医保单位缴费费率按现行费率的50%征收。第三，返还失业保险费。继续对不裁员、少减员的企业实施稳岗返还失业保险费，按企业及其职工上年度实际缴纳失业保险费总额的50%予以返还。

五是其他费用减免。对纳税确有困难的企业，依法合理予以减免房产税、城镇土地使用税。对“定期定额”户，合理调整定额或简化停业手续。严格落实残疾人就业保障金扩大优惠政策，对在职职工人数30人（含）以下的企业暂免征收残疾人就业保障金。

3. 降低企业融资成本

一是落实财政贴息政策。第一，为强化疫情防控重点保障企业资金支持，在人民银行专项再贷款支持金融机构提供优惠利率信贷支持的基础上，中央财政按企业实际获得贷款利率的50%进行贴息，贴息期限不超过1年。第二，对符合条件的劳动密集型和科技型小微企业，给予最高500万元最长3年的担保贷款，按贷款基础利率的50%给予贴息。第三，安排妇女创业小额担保贷款贴息专项资金，带动妇女创业就业。第四，疫情防控期间，对已发放的个人创业担保贷款，借款人患新冠肺炎的，可以向贷款银行申请展期还款，展期期限原则上不超过1年，财政部门继续给予贴息支持。

二是支持企业担保融资和租赁融资。第一，降低担保和再担保费。对疫情防控相关领域重点企业及受疫情影响较大的行业，新增融资担保业务收取的担保费率不超过1%。省再担公司对纳入国家融资担保基金支持范围的融资担保业务免收再担保费。省农担公司对受疫情影响较大的新型农业经营主体符合"双控"范围的新增政策性担保业务减半收取担保费。第二，建立降费补助和代偿补偿机制。对省再担保公司纳入国家融资担保基金授信范围的代偿损失给予50%的分担补偿，对省农担公司政策性担保业务给予3%的业务奖补，对符合条件的小微企业融资担保业务给予0.5%的降费补助。发挥中小企业信用担保代偿补偿资金引导作用，对纳入省再担保范围的中小企业融资担保业务给予风险补偿。第三，融资租赁公司要调整受疫情影响较大企业还款期限和还款方式，酌情减免不超过6个月的租金利息，免收租金罚息。

三是深化"银税互动"服务。第一，及时发现企业在疫情防控和复工复产中的资金流动性困难，充分发挥"银税互动"普惠性信贷产品纯线上办理的服务优势，帮助中小微企业解决暂时性困难。第二，鼓励省内各银行机构应用缴纳税费数据，提高信贷的响应、审批、发放效率，创新丰富"银税互动"中小微企业及个人信贷产品和运行理念模式，提高中长期"银税互动"信用贷款产品比例，更好的匹配和满足中小微企业的融资需求。第三，优化"银税互动"中小微企业授信的审批和风控模式，研究在网上信贷审批流程中设置中小微企业税费信用信息"容缺机制"，稳妥提高信贷审批通过率，逐步扩大首次获得“银税互动”贷款的中小微企业信贷发放范围。

4. 财政补贴政策

一是补贴特定企业。加大企业出口风险保障，对中小微企业出口信用保险保费给予最高80%的补贴支持。

二是援企稳岗补贴。对职工因疫情接受治疗或被医学观察隔离期间企业所支付的工资待遇，按照不超过该职工基本养老保险缴费工资基数的50%补贴企业，所需资金在工业企业结构调整专项奖补资金中列支。鼓励企业组织职工（含在企业工作的劳务派遣人员）参加线上适岗职业技能培训，按规定给予补贴。

三是复工补贴。对在疫情防控期间生产、配送疫情防控急需物资且新招用员工的企业给予一次性吸纳就业补贴；对参与生产疫情防控急需物资的企业、按照开复工人数给予一次性就业补贴。

相关政策延伸阅读索引

（一）广东省财税政策

1.《广东省财政厅　广东省卫生健康委员会转发财政部　国家卫生健康委关于新型冠状病毒感染肺炎疫情防控有关经费保障政策的通知》（粤财社〔2020〕26号），2020年1月26日。

2.《广东省财政厅关于预拨应对疫情紧急储备防控物资资

金的通知》（粤财工〔2020〕3号），2020年1月27日。

3.《广东省财政厅关于下达防控新型冠状病毒感染科技攻关应急专项首期启动经费的通知》（粤财科教〔2020〕12号），2020年1月28日。

4.《广东省财政厅关于安排2020年第二批中央财政补助基本公共卫生服务资金的通知》（粤财社〔2020〕27号），2020年2月1日。

5.《广东省财政厅转发财政部关于进一步做好新型冠状病毒感染肺炎疫情防控经费保障工作的通知》（粤财办〔2020〕3号），2020年2月2日。

6.《广东省人民政府关于印发应对新型冠状病毒感染的肺炎疫情支持企业复工复产若干政策措施的通知》，2020年2月6日。

7.《广东省财政厅转发财政部办公厅关于疫情防控期间开展政府采购活动有关事项的通知》（粤财采购〔2020〕4号），2020年2月11日。

8.《广东省财政厅关于做好疫情防控重点保障企业贷款贴息申报工作的通知》（粤财金〔2020〕11号），2020年2月12日。

9.《广东省财政厅转发财政部关于支持企业复工复产做好应对新型冠状病毒感染的肺炎疫情防控所需医疗物资生产供应的通知》（粤财工〔2020〕11号），2020年2月12日。

10.《广东省财政厅　广东省教育厅关于切实做好学校疫情防控经费保障工作的通知》（粤财科教〔2020〕22号），2020年2月13日。

11.《广东省财政厅关于下达防控新型冠状病毒感染科技攻

关应急专项第二轮项目首期启动经费的通知》（粤财科教〔2020〕21号），2020年2月13日。

12.《关于做好一线医务人员及其家属保障工作的若干措施》（粤府办〔2020〕4号），2020年2月18日。

13.《广东省财政厅　广东省农业农村厅转发财政部办公厅农业农村部办公厅关于切实支持做好新冠肺炎疫情防控期间农产品稳产保供工作的通知》（粤财农〔2020〕8号），2020年2月25日。

14.《关于统筹推进新冠肺炎疫情防控和经济社会发展工作的若干措施》，2020年2月27日。

15.《广东省人力资源和社会保障厅　广东省医疗保障局　广东省财政厅　国家税务总局　广东省税务局关于阶段性减免企业社会保险费的实施意见》（粤人社发〔2020〕58号），2020年2月28日。

16.《广东省财政厅关于下达防控新型冠状病毒感染科技攻关应急专项第三轮项目经费的通知》（粤财科教〔2020〕37号），2020年3月3日。

17.《国家税务总局广东省税务局　中国银行　保险监督管理委员会广东监管局关于深化"银税互动"服务支持企业疫情防控和复工复产工作的通知》（粤税发〔2020〕37号），2020年3月5日。

18.《省财政厅统筹财政金融政策　推进疫情防控和经济社会发展》，2020年3月11日。

（二）广州市财税政策

19.《广州市财政局预拨新型冠状病毒感染肺炎疫情防治人员临时性工作补助资金》，2020年2月7日。

20.《国家税务总局广州市税务局全力落实支持疫情防控政策的措施》（穗税发〔2020〕14 号），2020 年 2 月 11 日。

21.《广州市区财政联动护航企业复工复产》，2020 年 2 月 28 日。

22.《广州市财政局　广州市农业农村局转发财政部办公厅农业农村部办公厅关于切实支持做好新冠肺炎疫情防控期间农产品稳产保供工作的通知》（穗财农〔2020〕16 号），2020 年 3 月 10 日。

23.《广州市财政局关于坚决打赢疫情防控阻击战进一步用好政府采购资金支持企业发展的通知》（穗财采〔2020〕24 号），2020 年 3 月 12 日。

四、深圳市

（一）建立联防联控财政应急保障机制

1 月 23 日，深圳市财政局印发《关于做好新型冠状病毒感染的肺炎联防联控财政保障工作的通知》（深财办〔2020〕2 号），主要包括三大举措：

1. 追加抗疫应急资金

紧急追加防疫应急资金，由联防联控办公室统筹安排，事后接受审计。

2. 启动应急资金拨付机制

发布应急资金使用工作指引。明确对疫情防控工作所需经费应优先从年度部门预算调剂列支，经联防联控办公室审批后，由市财政追加下达资金指标。

3. 简化政府采购程序

深圳市启动应急事项政府采购简化程序。明确采购人因疫情防控工作需要的采购，均由采购人按规定自行采购，并做好决策记录和信息公开。

（二）疫情防控工作经费

依照中央文件要求，深圳市财政局对疫情防控工作的相关经费进行安排。

1. 救治费用补助

疫情期间，对确认疑似和确诊新冠肺炎病患者合规使用的药品和医疗服务费用全部纳入医保范围，个人负担部分实行财政兜底。所需费用由医疗机构先行垫付，深圳市财政按发生费用据实结算。

2. 一线抗疫工作者临时性工作补助

对于参与防疫一线的医务人员和其他工作者，深证市财政局根据人社部、财政部相关政策规定按照每人每天 200 元或 300 元标准予以补助。

因履行抗击疫情职责，感染新冠肺炎或因感染新冠肺炎死亡的工作人员，应认定为工伤，依法享受工伤保险待遇。未参加工伤保险的，由用人单位按法定标准支付，由财政补助相关费用。

3. 疫情防控设备物资经费

由同级财政保障医疗卫生机构因开展疫情防治工作需要的设备、试剂采购的所需经费。

（三）保障防疫应急物资供应

1. 对防疫物资重点生产企业贷款予以贴息支持

对享受人民银行专项再贷款支持的防疫应急物资重点生产企业给予贴息支持。贴息标准及期限依照财政部门公布的标准。

2. 免收应急救治医院高可靠性供电费

为防控新冠肺炎疫情所建设的应急救治医院免收高可靠性供电费用，具体名单由各地级以上市人民政府确定。

（四）减轻企业税费负担

1. 费用减免

（1）租金减免。对租用深圳市各级政府和国有企业所持有的物业或者承租公租房、人才住房的，且符合政策规定的企业、机构、家庭（个人）免除 2 个月租金。

（2）电费减免。由财政代缴企业免除的深圳市工商企业 2 月份缴纳的两部制电费中基本电费；除高耗能行业外的，执行一般工商业及其他电价、大工业电价的电力用户原到户电价水平的 95% 结算；实行“欠费不停供”，免收滞纳金的政策。

（3）水价优惠。在疫情期间，对深圳市内工业、经营服务业用水及特种用水给予 10% 的水价优惠；同时，采取“欠费不停水”措施，且免收其违约金。

（4）燃气优惠。深圳市酒店、餐饮类企业可享受：2 月、3 月份气费按照现行气价的 70% 结算；1—2 月份欠费不停气；免除 1—3 月因缓交气费产生的违约金。

2. 税收优惠

（1）国家税务总局《新冠肺炎疫情防控税收优惠政策指引

汇编》明确了支持防护救助、支持物资供应、鼓励公益捐赠、支持复产复工四项共十七条的税收优惠政策，涉及以下内容：一是因疫情防控工作取得个人所得的税收减免；二是防疫期间因保障重点物资供应和必须服务提供的增值税、所得税以及关税减免；三是受疫情影响较大的企业按规定适用延长亏损结转年限政策；四是防疫公益捐赠的税收减免。

（2）深圳市税务局：税收延期政策及减免。因疫情影响不能按期申报和缴纳税款的企业，可申请延期申报和缴纳，免收滞纳金，不影响信用等级，延期缴纳期限最长不超过3个月；对受影响的困难企业免征3个月的房产税、城镇土地使用税。

（3）深圳海关：进口税收及滞报金减免。无偿捐赠的用于防控新冠肺炎疫情物资可免征进口税收；春节假期内的滞报金顺延至2月10日；符合条件的情况，免收滞报金。

3. 社保、公积金政策优惠

（1）社保费用延期、返还政策。受疫情影响，无法按时办理社会保险参保缴费等业务的企业可在疫情解除后3个月内补办补缴或者不收滞纳金，不影响社保待遇；符合条件的深圳企业失业保险费按该企业及其职工上年度缴纳的社会保险费的25%予以返还。

（2）公积金缓缴、降低缴存比例。受疫情影响、缴存住房公积金确有困难的企业可申请下列优惠：经职工代表大会或工会审议，申请降低住房公积金缴存比例最低至3%月以及缓缴住房公积金，期限不超过12个月。符合条件的职工可申请办理延长公积金贷款期限。

（五）纾解企业资金困境和有序复工

1. 融资帮扶

（1）稳定企业现金流。对疫情防控重点企业票据贴现开通再贴现绿色通道；扩大中小企业贷款风险补偿资金池的受益范围，提高对商业银行疫情期间新增贷款的风险损失补偿比例上限。

（2）产业资金支持向中小微企业倾斜，降低企业融资成本。产业资金优先用于扶持影响严重的中小微企业，划拨产业专项资金重点用于对当期获得的新增贷款给予贴息支持。对已获得产业专项资金扶持且在建设期内的项目可申请延期。

2. 复工补助

（1）加强公共交通运营保障。驾驶员运营里程及时间达标的，给予当日 50 元奖励。

（2）援企稳岗补贴。疫情期间，对于不裁员或少裁员的企业按分类规定予以返还上年度缴纳的 50% 失业保险费或 25% 社会保险费用；对有职工因疫情接受治疗或被隔离的参保企业，按当月基本养老保险缴费工资基数的 50% 进行补贴。

（3）职工适岗培训补贴。线上培训每人每学时 30 元，线下培训 50 元。每人每年不超过 1500 元。市人力资源保障部门统一向市财政部门申请补贴资金。

（4）一次性吸纳就业补贴。疫情期间，生产、配送疫情防控急需物资的企业新招用员工，按每人 1000 元标准给予企业一次性吸纳就业补贴。人力资源服务机构为以上企业成功介绍员工的给予每人 400 元职业介绍补贴。

（5）组织援企财务帮扶活动。广东省注册会计师协成立专家服务团，搭建线上服务平台，为受疫情影响的企业复工复产提供专业咨询服务。

（6）部分区级复工补贴政策。各区政府出台的复工补贴政策主要目的是减轻受新冠疫情严重影响行业企业的经营压力、保障防疫应急物资生产供应、缓解企业“招工难”的问题，鼓励企业有序复工复产等，补贴方式主要为对企业复工复产等支出按标准进行分摊，主要内容如下：

一是对受疫情影响较大的行业企业，如餐饮、酒店、旅游等进行紧急资金援助；对疫情期间，稳产扩产、拉动产业发展的企业进行专项奖励；二是对广东省一级响应期间，复工复产保障防疫应急物资供应的企业予以一次性补贴；三是疫情期间，对重点应急防疫物资的生产企业为扩大生产而专门进行的改造支出以及设备购置、原材料采购等支出按比例补贴；四是对受疫情影响大的行业企业租用商业用房支出按一定比例进行补贴；五是对有序组织员工返岗的企业，按人次或者车次对企业进行路费补贴；六是对新招录的员工在辖区内开展生产工作，并缴纳社会保险的，按人数依照标准进行补贴。

3. 防疫补助

防疫补助政策与复工复产补助政策相互配合，最大程度上缓解企业因疫情期间复工复产而产生的额外负担，以补贴形势激励企业做好防控措施，正常经营发展，主要为以下内容：

（1）市级防疫补助政策：鼓励生产防疫物资的企业扩大技术改造投资，2020 年 2 月 1 日—3 月 31 日购买的设备，按不超过设备投资的 50% 予以资助，最高不超过 2000 万元；建立防疫物资临时收储制度，鼓励相关企业开足马力组织生产，疫情期间生产的防疫物资，在疫情结束后，由政府统一收购储备；物业服务企业的疫情防控服务，按在管面积每平方米 0.5 元的标准实施两个月财政补助。

(2) 部分区级防疫补助政策：对辖区内复工的超市、农贸市场和园区主体运营单位为防控疫情进行的消杀活动进行补贴；对企业在疫情期间复工而采购的防疫物资支出按比例进行补贴；对设置单间隔离区域或租用隔离地点的企业（园区）按人数或者间数予以补贴；对疫情期间，复工复产且未发生感染时间的企业给予一次性奖励；对申领上级防疫补助政策的企业，予以配套补助，一般补贴金额不超过上级资助金额的 50%。

（六）优化营商环境

1 月 20 日，深圳市政府发布《深圳市 2020 年优化营商环境改革重点任务清单》着力推进“智慧城市”和“数字政府”建设，推动基础数据资源归集打通，全面实施“一站办”“一窗办”和“一次办”，并对各类审批事项持续优化，提高市场主体办事创业便利度。在新冠疫情期间，深圳市主要对以下事项进行优化：

1. 扩大前沿科技在城市治理中的应用

利用大数据、云计算、人工智能等前沿科技，推动各部门数据共享，提倡“非接触式”服务，简化办事程序。各部门发布事项办理工作指引，遵循“非必要，不进厅”的原则，简化审批流程，缩短办结时限，降低疫情传播风险。

2. 改善投融资环境和鼓励金融机构贷款投资

改进优化上市拟上市企业开具相关事项协调函的办理流程；扩大中小微企业银行贷款风险补偿资金池受益范围，对商业银行疫情期间新增的中小微企业贷款风险补偿比例上限由50%提高到80%。发挥民营企业平稳发展基金作用，对因疫情影响造成资金周转困难的优质中小企业提供短期流动性资金支持。

3. 优化办税环境和加快出口退税

线上“非接触式”办税和线下办税“八项措施”相结合，提供个性化指导，对疫情防控保障企业开辟直办通道，特殊情况允许事后补办，加速办理出口退税。

4. 便利通关程序和减轻外贸企业负担

深圳海关推出帮扶企业复工复产二十条措施，其中包括：注册备案容缺后补，扩大企业免除税款担保适用范围、扩大认证企业通关惠企范围，推行主动披露和容错机制，对情节轻微的违规案件从轻从快办理等。

（七）支持科研和鼓励科技创新

1. 保障疫情防控科研需要

利用线上平台共享全市可供防疫使用的科研设备清单信息，建立全市统一的科研仪器调度平台，开设科研物资进口设备采购的应急协调通道。

向相关机构全面免费开放重大科技基础设施平台，如国家超级计算深圳中心等。

2. 激励疫情防控科研攻关

调配财政科技专项资金，多种方式激励开展新冠病毒感染疫情的应急科研攻关项目；宽容失败，项目中止或验收不通过不列入异常名录。

3. 优化创新创业环境

市财政专项资金对疫情期间减免租金的市级孵化器、众创空间分别给予补助；增加科技创新券支持力度，扩大支持范围，提高支持比例。

（八）促进居民消费和稳定对外贸易

1. 促进居民消费

3月8日，深圳市商务局牵头举办“2020深圳线上购物节”，并计划与各大电商企业合作开展一系列线上促销活动，拓宽企业销售渠道，扩大实体消费。此外，深圳市委、市政府出台了若干推动社会消费的措施。

（1）受疫情影响严重的服务业。对因疫情严重影响经营的餐饮业、酒店业、旅游业等服务业进行紧急援助，加大对需求积压特征较为明显的商品促销力度，发展夜间经济。

（2）稳定大宗消费。加快新增汽车指标放号，保障家庭首购需求。

（3）商品房供应。持续增加商品房供应，持续开展大规模公共住房建设行动。

2. 稳定对外贸易

深圳市贸易促进委员会为应对疫情期间进出口企业面临的贸易风险，针对企业履约、法律、引资等问题发出风险提示，并提供援助。具体包括：免费为企业办理受疫情影响的不可抗力相关的事实性证明；向企业发布法律风险提示，以及解决建议；对受疫情影响造成的出口订单违约等纠纷及时提供公共法律援助服务；降低注册备案、检验检疫等环节收费；分档奖励新引进外资项目。

相关政策延伸阅读索引

1.《关于做好新型冠状病毒感染的肺炎联防联控财政保障工作的通知》（深财办〔2020〕2号），2020年1月23日。

2.《深圳市科技创新委员会关于发布2020年“新型冠状病毒感染应急防治”专项项目申请指南的通知》，2020年1月23日。

3.《深圳市发展和改革委员会关于组织实施新型冠状病毒检测试剂、疫苗及相关治疗药品研发及产业化专项申报的紧急通知》，2020年1月27日。

4.《深圳海关关于全力保障新型冠状病毒肺炎疫情防控物资快速通关的公告》，2020年1月27日。

5.《深圳市财政局　深圳市卫生健康委员会关于新型冠状病毒感染肺炎疫情防控有关经费保障政策的通知》（深财社〔2020〕13号），2020年1月27日。

6.《深圳市人力资源和社会保障局转发关于因履行工作职责感染新型冠状病毒肺炎的医护及相关工作人员有关保障问题的通知》，2020年1月28日。

7.《深圳市税务局关于防控新型冠状病毒疫情的办税温馨提示》，2020年1月28日。

8.《国家税务总局深圳市税务局关于明确2020年2月份申报纳税期限的通告》，2020年1月31日。

9.《深圳市贸促委关于办理不可抗力事实性证明文件的紧急通知》，2020 年 1 月 31 日。

10.《深圳市科技创新委员会关于公布我市防疫相关共享仪器设备清单的通知》，2020 年 1 月 31 日。

11.《深圳市医疗保障局 深圳市财政局 深圳市卫生健康委员会关于进一步做好新型冠状病毒感染的肺炎疫情医疗保障工作的通知》，2020 年 2 月 2 日。

12.《深圳市人力资源和社会保障局关于受影响企业失业保险费返还的通知》，2020 年 2 月 5 日。

13.《深圳市医疗保障局　深圳市人力资源和社会保障局关于新型冠状病毒感染的肺炎疫情防控期间社会医疗保险和生育保险缴费和待遇相关工作的通知》（深医保发〔2020〕2 号），2020 年 2 月 6 日。

14.《深圳市发展和改革委员会转发广东省发展改革委关于疫情期间应急救治医院免收高可靠性供电费用的通知》，2020 年 2 月 6 日。

15.《深圳医疗保险可延期至疫情解除后三个月内缴纳不影响个人待遇和权益》，2020 年 2 月 7 日。

16.《深圳市应对新型冠状病毒感染的肺炎疫情支持企业共渡难关的若干措施》（深府规〔2020〕1 号），2020 年 2 月 7 日。

17.《国家税务总局深圳市税务局关于延长非营利组织免税资格申请期限并变更申请方式的通知》，2020 年 2 月 7 日。

18.《深圳海关帮扶企业防控疫情复工复产二十条措施》，2020 年 2 月 7 日。

19.《国家税务总局深圳市税务局关于企业疫情捐赠最新涉

税常见问题答疑》，2020 年 2 月 10 日。

20.《深圳市财政局关于做好政府物业租金减免积极应对疫情防控支持企业的通知》，2020 年 2 月 11 日。

21.《深圳市发展和改革委员会关于征集疫情防控重点保障企业名单的通知》，2020 年 2 月 11 日。

22.《深圳市发展和改革委员会关于组织实施新型冠状病毒感染肺炎诊疗防疫设备产业化专项申报的紧急通知》，2020 年 2 月 11 日。

23.《深圳市医疗保障局　深圳市财政局　深圳市卫生健康委员会关于加大力度做好新冠肺炎疫情医疗保障工作的通知》（深医保发〔2020〕3 号），2020 年 2 月 12 日。

24.《深圳市住房公积金管理中心关于做好疫情防控工作加强住房公积金服务保障的通知》，2020 年 2 月 12 日。

25.《关于以“悬赏制”方式组织开展“新型冠状病毒感染的肺炎疫情应急防治”应急科研攻关项目的工作方案》，2020 年 2 月 12 日。

26.《国家税务总局深圳市税务局关于疫情期间远程办理部分涉税业务的温馨提示》，2020 年 2 月 13 日。

27.《疫情防控期间深圳市贸促委企业服务指南》，2020 年 2 月 13 日。

28.《深圳市发展和改革委员会转发广东省发展改革委关于积极贯彻落实疫情防控期间降低企业用电成本有关问题的通知》（深发改函〔2020〕19 号），2020 年 2 月 14 日。

29.《深圳市人力资源和社会保障局　深圳市财政局关于做好新型冠状病毒肺炎疫情防控期企业职工适岗培训有关工作的通知》（深人社发〔2020〕6 号），2020 年 2 月 15 日。

30.《深圳市物业服务企业疫情防控服务财政补助工作指引》，2020年2月16日。

31.《深圳市人力资源和社会保障局　深圳市医疗保障局关于疫情期间企业社保费延期缴纳和医保待遇享受相关工作的通知》（深人社发〔2020〕7号），2020年2月17日。

32.《深圳市人力资源和社会保障局　深圳市医疗保障局关于个人缴费人员疫情期间社保缴费相关事项的通知》（深人社发〔2020〕8号），2020年2月17日。

33.《国家税务总局深圳市税务局关于进一步延长2020年2月份纳税申报期限有关事项的通告》（2020年第2号），2020年2月18日。

34. 深圳市住房公积金管理中心《受疫情影响、缴存住房公积金确有困难的企业降低缴存比例业务办理指引》，2020年2月18日。

35.《市中小企业服务局关于应对新型冠状病毒肺炎疫情简化办理上市拟上市企业协调函相关工作安排的通知》（深中小企字〔2020〕11号），2020年2月19日。

36.《深圳市人力资源和社会保障局关于疫情防控期间企业申领援企稳岗补贴有关事项的通知》（深人社发〔2020〕11号），2020年2月20日。

37.《深圳市人力资源和社会保障局关于疫情防控期间企业申领一次性吸纳就业补贴有关事项的通知》（深人社发〔2020〕12号），2020年2月21日。

38.《深圳市发展和改革委员会　深圳市水务局关于阶段性实施工商企业用水价格优惠政策的通知》，2020年2月24日。

39.《深圳市人力资源和社会保障局　深圳市医疗保障局关

于暂缓统一托收 2020 年 2 月企业社会保险费的通知》，2020 年 2 月 24 日。

40. 《深圳市财政局转发〈广东省注册会计师行业党委关于成立专家服务团开展财务援企行动的通知〉》，2020 年 2 月 27 日。

41. 《关于开展深圳市民营企业平稳发展基金短期流动性资金支持申报的通知》，2020 年 2 月 27 日。

42. 《关于统筹推进疫情防控和经济社会发展工作的若干措施》，2020 年 2 月 28 日。

43. 《市中小企业服务局关于执行〈深圳市应对新型冠状病毒肺炎疫情中小微企业贷款贴息项目实施办法〉的通知》（深中小企字〔2020〕13 号），2020 年 2 月 29 日。

44. 《市工业和信息化局　市财政局关于印发〈深圳市中小微企业银行贷款风险补偿资金池管理实施细则〉的通知》（深工信规〔2020〕4 号），2020 年 3 月 1 日。

45. 《深圳市发展和改革委员会转发关于阶段性降低企业用电成本支持企业复工复产的通知》（深发改〔2020〕111 号），2020 年 3 月 2 日。

46. 《深圳市科技创新委员会印发〈关于强化科技支撑打赢疫情防控阻击战　促进企业健康发展的若干措施〉的通知》，2020 年 3 月 2 日。

47. 《国家税务总局深圳市税务局关于延长 2020 年 3 月纳税申报期限有关事项的通告》，2020 年 3 月 4 日。

48. 《深圳市商务局关于转发商务部　国家开发银行关于应对新冠肺炎疫情发挥开发性金融作用支持高质量共建“一带一路”的工作通知》，2020 年 3 月 4 日。

49.《深圳市人力资源和社会保障局　深圳市财政局关于贯彻落实阶段性减免企业社会保险费政策的实施意见》，2020 年 3 月 5 日。

50.《深圳市医疗保障局 深圳市财政局　深圳市人力资源和社会保障局关于阶段性减免缓征企业医疗保险费的通知》(深医保规〔2020〕2 号)，2020 年 3 月 11 日。

51.《深圳市交通运输局关于印发〈防疫期深圳市巡游出租车驾驶员出车奖励发放办法〉及政策解读的通知》，2020 年 3 月 11 日。

52.《深圳市商务局关于鼓励出口医用器械企业生产的通知》，2020 年 3 月 17 日。

53.《深圳市财政局关于协助做好市注册会计师和资产评估行业支持复工复产援企“会计云咨询”服务宣传工作的通知》，2020 年 3 月 20 日。

五、江苏省

2020 年新冠肺炎疫情爆发后，为加强新型冠状病毒感染的肺炎疫情防控工作，有效防止疫情扩散和蔓延，江苏省于 2020 年 1 月 24 日启动了突发公共卫生事件一级响应。同时，为了支持疫情防控工作，降低疫情对经济所造成的负面影响，维持经济循环畅通和稳定持续发展，江苏省政府、各市政府以及各级部门机关从 1 月 31 日开始陆续出台一系列财税政策，涉及经济运行和民生的各个方面，大致可以分成减轻企业负担、对企业提供金融支持、保障物资供应、保障企业复产用工、支持科研攻关、补贴一线医务工作者和在岗职工，以及优化纳税缴费服务等。

（一）补贴医务工作者和有关在岗员工

1. 对参加疫情防治工作的医务人员和防疫工作者

按照政府规定标准取得的临时性工作补助和奖金，免征个人所得税。疫情防控期间对其暂缓开展2019年度个人所得税汇算。

2. 对有关在岗员工

春节期间（2020年1月24日至2月9日）开工生产、配送疫情防控急需物资且经省认定的企业，从失业保险扩大试点支出范围资金或就业补助资金中按照在岗职工每人每天100元的标准给予一次性吸纳就业补贴。

（二）保障物资供应

1. 针对农产品

对农业生产者销售的自产农产品免征增值税，对从事农产品批发、零售的纳税人销售的部分鲜活肉蛋产品免征增值税。对从事蔬菜批发、零售的纳税人销售的蔬菜免征增值税。中央和地方部分商品储备业务免征房产税、城镇土地使用税、印花税，对物流企业自有的（包括自用和出租）大宗商品仓储设施用地减征城镇土地使用税。

2. 针对防疫物资

对经各地确定的参与防控物资和重要农产品等生活必需物资供保的农业企业和商贸流通企业，各地可对其产生的相应物流费用给予适当补贴。对疫情期间保障公共交通出行的企业，所产生的运营投入由各地财政全额负担。

3. 农业保险保费

疫情期间，参加农业大灾保险的农户和新型农业生产经营主体承担的保费部分，由财政部门承担；高效设施农业保险省级财政奖补险种目录内的稳产保供产品实现应保尽保，财政给予不低于60%的保费补贴。

4. 农业担保费

2020年2月19日至6月30日，省农担公司对符合条件的承担粮食、蔬菜、肉蛋奶、水产品等生活必需重要农产品稳产保供的新型农业经营主体新增提供融资担保的担保费，在现行1%的基础上减半收取，减收部分由省财政承担。这些措施中，既有对物资供应者的税收优惠，亦有对其运营成本和融资的直接补贴，能够有效稳定这些企业的经营状况，从而保障物资供应。

（三）支持企业疫情防控

降低企业负担是所有财税政策中出现频率最高的，主要内容包括减免税收、减免社会保险费和减免行政事业性收费以及财政补贴等。

1. 税收减免政策

（1）对受疫情影响严重的住宿餐饮、文体娱乐、交通运输、旅游等行业纳税人，暂免征收2020年上半年房产税、城镇土地使用税。

（2）对增值税小规模纳税人，暂免征收2020年上半年房产税、城镇土地使用税。

（3）对因受疫情影响遭受重大损失或发生严重亏损，纳税确有困难的纳税人，可依法予以减免房产税、城镇土地使用税。

（4）对企业用于防控疫情的捐赠支出，在国务院另有规定前按现行规定税前扣除。

（5）对因受疫情影响不能按期办理纳税申报的纳税人，准予延期申报，对确有困难而不能按期缴纳税款的纳税人，依法准予延期缴纳税款，最长不超过 3 个月。

（6）优化纳税服务。疫情期间，为避免疫情传播风险，优化税收征管方式，江苏省积极拓展“非接触式”办税缴费服务，积极引导纳税人通过电子税务局、手机 APP、自助办税终端等渠道办理税费业务。

2. 社会保险费减免政策

（1）2020 年 2 月至 6 月，免征中小微企业三项社会保险单位缴费，免征按单位参保的个体工商户三项社会保险（即企业职工基本养老保险、失业保险、工伤保险）雇主缴费（不含应由个人缴费部分）。

（2）2020 年 2 月至 4 月，减半征收大型企业、民办非企业单位、社会团体等其他参保单位（不含机关事业单位）三项社会保险单位缴费。

（3）在享受减免政策后仍有困难的企业可再申请最长不超过 6 个月的缓缴期。

（4）职工医保统筹基金累计结存可支付月数大于 6 个月的设区市，对企业的职工医保单位缴费部分实行减半征收，减征期限为 5 个月。

（5）阶段性降低失业保险费率、工伤保险费率的政策实施期限延长至 2021 年 4 月 30 日。职工医保统筹基金累计结余可支付月数超过 15 个月的设区市可在 2020 年度内阶段性降低职工医保费率0.5—1个百分点。

(6) 疫情防控期间，允许企业申请延期办理职工参保登记和“五险一金”等缴费业务。缓缴期最长6个月，缓缴期间免收滞纳金。

3. 行政事业性收费减免政策

从2020年1月1日起，直至新冠肺炎疫情防控结束，免征市场监管部门收取的省内医院和疫情防护相关产品生产企业的电梯、锅炉、压力容器定期检验和监督检验收费，减半收取餐饮住宿业的电梯、锅炉、压力容器定期检验和监督检验收费；免征药品监督管理部门对进入医疗器械应急审批程序并与新型冠状病毒相关防控产品收取的医疗器械产品注册费，对进入药品特别审批程序、治疗和预防新型冠状病毒感染肺炎药品收取的药品注册费。

4. 财政补贴政策

省财政厅会同省文化和旅游厅研究出台五项措施，调剂安排专项资金1亿元，支持江苏省文旅企业积极应对疫情影响和冲击，缓解经营困难。同时，省财政厅还对全省彩票销售站点给予补贴，每个站点2000元。

5. 水电收费等政策

对疫情期间暂时生产经营困难的中小企业用电、用水、用气，实施阶段性缓缴费用，缓缴期间实行“欠费不停供”措施，还临时性取消了“电力用户暂停用电容量少于十五天的，暂停期间基本电费照收”的规定，调整为按实际暂停用电天数减免用电企业基本电费，各地可安排资金给予适度补贴。疫情防控期间，为疫情防控直接服务的医疗等场所新建、扩建用电需求，免收高可靠性供电费。

在房租方面，对承租国有经营性房产的中小企业和个体工商户，可以减免或减半征收 1—3 个月的房租；资金支付困难的，可以延期收取租金。对租用其他经营用房的，支持地方研究制定鼓励业主（房东）减免租户租金的奖励办法。

（四）对企业提供金融支持的财政配套政策

由于疫情的影响，大量企业无法正常开展业务，面临着资金周转困难，因此财税政策的第二大要点是对企业提供各种金融支持，缓解企业的资金周转压力，主要包括财政贴息、融资和信贷支持以及政府性投资基金的支持等。

1. 财政贴息政策

（1）对全国性疫情防控重点保障企业名单外支持江苏省疫情防控工作作用突出的其他卫生防疫、医药产品、医用器材等企业 2020 年 1 月 1 日至 6 月 30 日新增贷款，经省财政厅会同相关部门审核确认后，按照企业获得贷款时所参照的一年期 LPR，结合贷款期限，给予不高于 50% 的贴息，贴息期限 1 年。

（2）对于已经发放的个人和小微企业富民创业担保贷款，借款人患新型冠状病毒感染肺炎的，可向贷款银行申请展期还款，展期期间，各级财政部门继续按原标准给予贴息支持。

（3）对受疫情影响出现正常生产经营资金周转困难，且承担保障居民生活急需重要农产品生产供应主体的流动资金贷款，在 2020 年 2 月 5 日至 6 月 30 日内新发生的贷款，给予不超过 2% 的贴息支持，单个主体贴息总额原则上不超过 50 万元。

2. 企业融资和信贷支持政策

（1）开辟中小企业应急贷款绿色通道。绿色通道设重点保障企业板块和受疫情影响小微企业板块。重点保障企业板块实行名单制管理，主要服务疫情防控重点保障企业。受疫情影响小微企业板块主要服务全省范围内普惠口径小微企业，支持银行等金融从业机构通过绿色通道精准帮扶受疫情影响出现暂时流动性困难的小微企业。对绿色通道内发放普惠型中期流动资金贷款，省级财政提供一定比例的风险分担支持。

（2）设立应对疫情防控风险代偿资金池。对于绿色通道内发放的单户1000万元以内、无抵押无担保的普惠型中期流动资金贷款，不良率控制在3%以内的，按贷款本金损失提供不高于30%的风险代偿。

（3）以省现代服务业风险准备金为省内中小型现代服务业企业提供融资增信，相关合作银行加大信贷投放力度，提供不低于10倍、不超过20倍的授信额度，对发生的风险损失由准备金优先予以代偿。

（4）实施无还本续贷财政奖励政策以鼓励金融机构对受疫情影响的中小微企业开展无还本续贷。

（5）疫情防控期间，国有担保公司担保费下降20%，政府性融资担保机构担保费率不高于1%，财政部门按照相关政策规定给予不高于1%的担保费补助。

3. 政府性投资基金政策

（1）所投企业因疫情影响、生产经营出现阶段性困难而未能完成或难以完成约定业绩目标的，政府投资基金不得采取提前退出、要求企业追加增信措施方式等加剧企业压力。

（2）免除江苏省旅游产业发展基金在贷项目2020年1月1日至6月30日利息。对基金尚未投放的部分，根据企业书面申请，由基金管理人对资金周转困难、信用较好的企业，尤其是中小微企业开辟贷款绿色通道，给予贷款支持。新投放项目同时享受暂免2020年1—6月利息的优惠政策支持。

（五）推进企业复工复产与稳定就业

从全国范围来说，江苏省也是较早开始推进有序复工复产的省份，省政府也出台了配套财税政策来推进复工复产、稳定就业。

1. 复工复产企业疫情防控保障类保险

支持省内保险机构积极推出复工复产企业疫情防控保障类保险产品，优先纳入“江苏省金融创新奖”评选政策范围。

2. 给予企业复工复产保险保费补贴

鼓励市县财政部门对符合监管要求、市场影响大、接受面广、企业受益程度高的企业复工复产保险给予保费补贴，重点支持公共事业运行必需、疫情防控必需和群众生活必需等“三个必需”领域企业复工复产。省财政采用后奖补方式，对市县财政部门符合条件的保费补贴支出给予不超过50%的补贴。

3. 吸纳就业补贴和就业服务补助

对吸纳下岗失业人员或农民工且签订1年以上劳动合同并按规定缴纳社会保险费的中小企业和对提供职业介绍的各类人力资源服务中介机构，符合条件的可分别给予一次性吸纳就业补贴和就业服务补助。

4. 职业培训和培训补助

指导受疫情影响的企业在确保防疫安全情况下，在停工期、恢复期组织职工参加职业培训的，给予培训补助。

5. 稳岗返还补贴

对批发零售、住宿餐饮、物流运输、文化旅游等受疫情影响较重的服务业企业，坚持不裁员或少裁员的，可参照困难企业标准，给予1—3个月的失业保险稳岗返还补贴。充分发挥省级调剂金作用，尽可能让符合条件的企业都能享受政策支持。

（六）支持医疗物资生产和科研攻关

为了鼓励企业在疫情期间加大医疗物资生产和研发，江苏省出台了如下政策予以支持，以降低企业生产和研发成本：

1. 支持医疗物资生产

（1）对国家和省确定的重要疫情防控物资生产企业为加大疫情防控开展的相关技术改造、新产品攻关，由江苏省级工业和信息产业转型升级专项资金按设备投资额或研发投入总额的50%给予奖励补助，每家最高不超过300万元，各地财政也可安排相应资金予以支持。

（2）对医用防护服、口罩、医用护目镜、负压救护车、相关药品等疫情防控物资生产企业以及援建疫情防控需要的火神山、雷神山等专门医院的相关企业，确保落实全额退还增值税增量留抵税额，优先核准延期缴纳税款，并按规定临时性减免地方性收费。

（3）对开展新型冠状病毒检测试剂、疫苗和救治装备研发及批量生产的企业，省战略性新兴产业发展专项资金给予定额补助。

2. 支持科研攻关

（1）对企业用于疫情防控的研发支出按实际发生的研发费用加计扣除75%；对认定的高新技术企业辅导其可减按15%的税率申报缴纳企业所得税。对技术转让、技术开发免征增值税，辅导生产销售和批发、零售罕见病药品的增值税一般纳税人按3%征收率缴纳增值税。

（2）对从事服装生产等关联行业在疫情防控中临时转产防护用品的企业，其车间升级改造及新增设备产生的费用，给予一定比例财政补贴。

相关政策延伸阅读索引

（一）江苏省政策文件

1.《国家税务总局江苏省税务局关于配合做好新型冠状病毒感染肺炎疫情防控工作，优化纳税缴费服务的再次提示》，2020 年 1 月 31 日。

2.《国家税务总局江苏省税务局关于主动作为　精准施策　切实帮助企业解决实际困难坚决打赢疫情防控阻击战的通知》（苏税发〔2020〕4 号），2020 年 2 月 3 日。

3.《关于发挥政府投资基金作用支持做好疫情防控工作的通知》（苏政发〔2020〕15 号），2020 年 2 月 7 日。

4.《人民银行南京分行等八部门关于落实〈关于进一步强化金融支持防控新型冠状病毒感染肺炎疫情的通知〉精神的通知》（南银发〔2020〕16 号），2020 年 2 月 7 日。

5.《关于发挥政府投资基金作用支持做好疫情防控工作的通知》（苏财基金〔2020〕1 号），2020 年 2 月 7 日。

6.《省政府关于应对新型冠状病毒肺炎疫情影响推动经济循环畅通和稳定持续发展的若干政策措施》，（苏政发〔2020〕15 号），2020 年 2 月 12 日。

7.《江苏省人民政府办公厅印发关于支持中小企业缓解新型冠状病毒肺炎疫情影响保持平稳健康发展政策措施的通知》(苏政办发〔2020〕5号)，2020年2月12日。

8.《江苏省医疗保障局　江苏省财政厅　国家税务总局江苏省税务局关于施行阶段性降低职工基本医疗保险用人单位缴费率有关政策措施的通知》(苏医保发〔2020〕9号)，2020年2月14日。

9.《转发财政部关于做好疫情防控期间彩票发行销售工作有关事宜的通知》，2020年2月14日。

10.《转发关于打赢疫情防控阻击战强化疫情防控重点保障企业资金支持的紧急通知》，2020年2月15日。

11.《关于应对疫情影响加大政策性农业融资担保支持重要农产品稳产保供的通知》(苏财农〔2020〕4号)，2020年2月17日。

12.《省财政安排1亿元支持文旅企业应对疫情防控期间经营困难》(苏财农〔2020〕4号)，2020年2月18日。

13.《江苏省财政厅关于引导金融强化服务做好疫情防控工作统筹推进经济社会发展的通知》(苏财金〔2020〕12号)，2020年2月21日。

14.《江苏省财政厅　江苏省发展和改革委员会关于应对疫情影响减免部分行政事业性收费的通知》，2020年2月21日。

15.《江苏省医疗保障局　江苏省财政厅　国家税务总局江苏省税务局关于印发〈关于阶段性减征职工基本医疗保险费的实施方案〉的通知》(苏医保发〔2020〕14号)，2020年3月1日。

16.《关于应对新冠肺炎疫情影响有关房产税、城镇土地使用税优惠政策公告》（苏财税〔2020〕8 号），2020 年 3 月 2 日。

17.《江苏省关于阶段性减免企业社会保险费的通知》（苏人社〔2020〕7 号），2020 年 3 月 2 日。

18.《转发财政部关于国有金融企业积极做好疫情防控捐赠有关事项的通知》（苏财金〔2020〕13 号），2020 年 3 月 2 日。

19.《国家税务总局江苏省税务局关于延长 2020 年 3 月纳税申报期限的通告》（苏财税〔2020〕8 号），2020 年 3 月 4 日。

（二）苏州市政策文件

20.《关于做好疫情防控期间人力资源和社会保障相关工作的通知》（苏人保〔2020〕1 号），2020 年 1 月 29 日。

21.《苏州市人民政府关于应对新型冠状病毒感染的肺炎疫情支持中小企业共渡难关的十条政策意见》（苏府〔2020〕15 号），2020 年 2 月 2 日。

22.《苏州市人民政府关于应对新型冠状病毒感染的肺炎疫情支持新型农业经营主体共渡难关的十条政策意见》（苏府〔2020〕17 号），2020 年 2 月 7 日。

23.《苏州市人民政府关于应对新型冠状病毒感染的肺炎疫情支持外贸企业稳定发展的政策意见》（苏府〔2020〕18 号），2020 年 2 月 7 日。

24.《市政府办公室关于转发苏州市应对新型冠状病毒感染的肺炎疫情支持企业发展金融政策实施细则的通知》（苏府办〔2020〕28 号），2020 年 2 月 7 日。

25.《市政府关于应对新冠肺炎疫情服务发展三项机制的通知》（苏府〔2020〕19 号），2020 年 2 月 10 日。

26.《市政府关于应对新型冠状病毒感染的肺炎疫情支持服务业企业共渡难关的十条政策意见》（苏府〔2020〕20 号），2020 年 2 月 10 日。

27.《苏州工业园区税务局关于共克时艰，园区税务支持企业渡过难关坚决打赢疫情防控阻击战十大举措》，2020 年 2 月 13 日。

28.《园区党工委管委会关于防控疫情支持企业平稳健康发展的若干意见》，2020 年 2 月 14 日。

29.《市政府办公室转发市人社局市财政局关于新冠肺炎疫情防控期间助力企业复工复产的若干政策意见的通知》（苏府办〔2020〕34 号），2020 年 2 月 16 日。

30.《园区管委会关于疫情防控期间支持企业复工复产用工的通知》，2020 年 2 月 18 日。

31.《市政府办公室关于在新冠肺炎疫情防控期间对困难群众发放临时生活补贴的通知》（苏府办〔2020〕42 号），2020 年 2 月 21 日。

32.《国家税务总局苏州市税务局关于进一步明确疫情防控期间纳税人“不见面”办税流程的通告》，2020 年 2 月 28 日。

33.《市政府办公室关于应对新型冠状病毒感染的肺炎疫情支持服务外包企业发展的政策意见》（苏府办〔2020〕50 号），2020 年 2 月 28 日。

34.《国家税务总局江苏省税务局关于延长 2020 年 3 月纳税申报期限的通告》，2020 年 3 月 4 日。

六、浙江省

（一）支持个人防治政策

1. 患者救治费用补助政策

对于确诊患者发生的医疗费用，在基本医保、大病保险、医疗救助等按规定支付后，个人负担部分由财政给予补助。省级财政统筹中央资金对市县按实际发生费用的85%给予补助。

2. 一线疫情防控人员补助和激励政策

第一，认真落实一线工作人员临时性工作补助等政策。参与疫情防治工作的医务人员和其他工作者取得的临时性工作补助和奖金，免征个人所得税。第二，疫情防控表现突出人员予以提拔重用，优先晋升职级、人员招聘优先录用。参加一线防控工作的基层党员干部和医务工作者可单独核定年度考核优秀等次指标，优秀比例最高可达30%。在疫情防控一线表现突出的基层机关事业单位和相关工作人员及时给予嘉奖、记功奖励，奖励比例可不受限制。

（二）做好物资供应保障

1. 保障防疫物资采供

鼓励医药流通企业采供急需防疫物资，对符合国家防疫标准的口罩采取“平进平出”零利润销售的，政府给予0.5元/只的补助。

2. 农产品稳产保供稳价

第一，实施贷款政策性担保扶持政策。省农业融资担保公司对经营一年以上符合条件的农业经营主体给予10万—300万元/年担保金、免征担保费；省财政厅对省担保公司所免担保费按担保费率1%给予补贴；为保障农产品稳产保供导致的担保代偿损失不纳入省农担保公司年度绩效考核。第二，对省内家禽养殖企业和定点屠宰企业收购本省活禽10万只以上给予一次性临时补贴，鸡鸭鹅补贴2元/只，鸽补贴1元/只，省内乳品收购加工企业给予一次性临时补助500元/吨。

（三）优化政府采购营商环境

1. 线上线下采购并行

鼓励采用政采云平台在线完成项目采购活动，确需线下完成采购活动的，采购人、采购代理机构应明确接收纸质投标、响应文件的方式、时间和地点，允许供应商邮寄送达，给予供应商邮寄在途时间不少于5个工作日。在保证货物、工程和服务质量的前提下，优先向复工复产企业直接采购。

2. 续签政府采购合同

疫情防控期间政府采购项目到期，又无法按规定开展正常采购的，各采购单位可续签合同约定，由原供应商延续实施至我省疫情应急响应终止之日起6个月内，续签合同应及时在浙江政府采购网公告。

3. 建立采购资金预付制度

采购单位预付款比例不低于政府采购合同金额30%，项目分年安排的每年预付款比例不低于年度计划金额30%，采购项目实施以人工投入为主可适度降低预付款比例，但不得低于10%。政府采购预付款在合同生效和具备实施条件后15日内支付。采购单位自主决定供应商出具预付款保函，受疫情影响严重的中小微企业取消或减少预付款担保。

4. 优化政府采购金融服务

实施政府采购支持融资畅通工程，推广政采贷、履约保函等政府采购金融服务，鼓励更多金融机构参与，做到线上与线下并举。整合政府采购相关金融服务平台与政采云金融服务平台，实现政府采购金融服务全省互联互通，切实缓解供应商融资难题。采购单位及时公开采购合同信息，按照约定支付合同款项，为供应商参与信用融资提供便利。

5. 优先采购创新产品

积极推动本地区首台套产品、浙江制造精品及其生产企业入驻政采云平台制造馆，扩大制造馆产品种类和数量。积极落实首台套产品和制造精品的政府首购制度，提高创新产品政府采购金额和比例。采购馆首台套产品和制造精品，采购单位提高预付款比例，供应商免予提交预付款担保，鼓励金融机构提高入驻采购馆的政采贷授信额度。

（四）支持教育政策

1. 疫情防控经费

全力做好各级各类学校（含幼儿园）的疫情防控经费保障工作，确保疫情防控资金及时到位。加大对家庭经济困难学生的资助力度，确保家庭经济困难学生正常生活和学习，及时发放相关资助经费，做好延期开学造成的奖助学金评选发放不及时等事项预案。

2. 教育经费支出管理

根据疫情防控需要，统筹财政资金用于学校疫情防控物资、设备采购等支出；发挥自身科研优势，及时调整科研项目计划，同相关部门加强科研攻关，确保研究成果尽快应用到疫情防控中去；利用信息技术有序开展教育教学活动。

（五）加强经费管理

1. 利用线上平台提高资金使用效率

过建立采购“绿色通道”方式加快资金执行进度，利用“政采云”线上采购和“资产云”线上审批，确保各项防疫物资和设备顺利采购。

2. 公款竞争性存放

在疫情防控期间，允许省级行政事业单位适当延长资金闲置时间。不建议省级行政事业单位开展公款竞争性存放招投标。

（六）支持企业防疫和复工复产

1. 降低企业要素成本

一是降低企业用电、用水、用气等成本。2020 年 2 月到 6 月底小微企业电费按原价 95% 结算，工业用水、天然气价格下调 10%，缓缴用水用气费用。

二是减免企业房租。承租国有资产类经营用房的小微企业免收首月房租，第二、三月房租减半；承租省级国有资产类经营用房企业的非国有企业免收 2020 年 2 月、3 月租金；帮扶小微企业减免租金的小微企业园优先给予政策支持；租用其他经营用房的，鼓励业主减免租金。

2. 降低企业税费成本

一是税费缴纳。第一，提倡网上办税缴费。提倡选择浙江省电子税务局、浙江税务 APP 等网络途径办理个人所得税、社会保险费等相关涉税缴费业务。第二，延期缴纳税款。因受疫情影响办理申报困难的小微企业依法办理延期申报；因特殊困难而不能按期缴纳税款的小微企业依法办理不超过 3 个月的延期缴纳税款；针对疫情防控物资生产的小微企业优先核准延期缴纳税款。

二是增值税。对重点保障物资生产企业，全额退还增值税增量留抵税额；对运输疫情防控重点保障物资，提供公共交通运输服务、生活服务和为居民提供快递收派服务的收入，免征增值税；对小规模纳税人增值税征收率从 3% 降至 1% 。

三是所得税。因疫情影响造成资产损害的小微企业依法享有企业所得税前扣除。支持疫情防控的公益捐赠在所得税税前全额扣除。

四是房产税、城镇土地使用税优惠。对住宿餐饮、文体娱乐、交通运输、旅游四大行业企业和符合条件的小微企业的自用房产、土地免征 3 个月房产税、城镇土地使用税；鼓励引导各类经营性房产业主在疫情期间为受困企业和个体工商户减免租金，按实际免租月份或折扣比例相应减免房产税、城镇土地使用税；在疫情期间被政府征用的房产，按实际征用时间免征房产税和城镇土地使用税。

五是社会保险费。第一，缓缴社会保险费。允许因疫情影响无力足额缴纳社会保险费的小微企业缓缴社会保险费，在疫情解除后 3 个月内足额补缴不影响参保人个人权益。受疫情严重影响、无力足额缴纳社会保险费的企业可申请缓缴社会保险费，缓缴期限原则上不超过 6 个月，缓缴期间免收滞纳金。第二，阶段性减免社会保险费。免征中小微企业 2020 年 2 月份至 6 月份、减半征收大型企业 2 月份至 4 月份基本养老、失业、工伤保险的单位缴费；对企业减半征收 2 月份至 6 月份基本医疗保险的单位缴费。

六是住房公积金。第一，缓缴住房公积金。受疫情影响严重、缴存住房公积金困难企业可申请 2020 年 6 月底前缓缴住房公积金。第二，降低缴存比例。企业在与职工充分协商的前提下可自主确定缴存比例或停缴，停缴期间缴存时间连续计算，不影响职工正常提取和申请住房公积金贷款。杭州市允许受疫情影响、缴存住房公积金困难企业可申请不超过 12 个月的住房公积金缴存比例最低至 3%。

七是失业保险费。全面落实失业保险稳岗返还政策，对不裁员或少裁员的参保企业，可返还其上年度实际缴纳失业保险费的 50%；受疫情影响的参保企业可返还 1—3 月不等的社会保险费，重点向中小微和疫情影响较大行业企业倾斜。

八是免收收费公路通行费。疫情防控期间免收全省收费公路免收所有车辆通行费，保障疫情防控和生活物资运输，支持小微企业复工复产。

九是其他费用减免。第一，减半征收教育费附加、地方教育附加、文化事业建设费。第二，全额返还小微企业工会经费。足额缴纳工会经费小微企业定期全额返还工会经费。第三，减免检验检测费用。免收防疫防护产品质量检验检测费用，减半收取产品质量检验检测、特种设备检验项目费用。第四，提高出口信用保险保费补贴。对出口小微企业投保政策性出口信用保险的保费予以全额补贴，提高保险覆盖面，做到应保尽保。

3. 支持企业科研政策

实施研发费用加计扣除。小微企业用于疫情防控的研发支出按实际发生研发费用加计扣除 75%。

4. 财政补贴政策

一是补贴商贸服务企业和物业企业。对年税收 50 万元以下的商贸、餐饮、旅游、住宿、交通运输、物流配送等小微企业，按 2019 年增值税月均纳税额的市区留存部分额度，政府给予两个月补贴。对参与疫情防控工作的住宅小区物业服务企业按照在管面积给予两个月 0.5 元/平方米补贴。

二是补贴企业线上培训。受疫情影响的停工半停工企业开展线上职业技能培训采用直补企业方式补贴，按企业实际培训费用不得超过 95% 比例给予补贴，每人每个培训项目补贴费用不超过 800 元，每位职工不超过 3 次补贴，上一个培训项目结束后才可参加下一个培训项目，同一个培训项目不得重复享受补贴。

三是包车接送返岗员工。实行点对点、一站式包车、包机、包列接送外省员工返岗，对企业按照政府指定包车客运方式接送返岗员工所产生的包车费用给予一定比例补助。

四是发放企业员工租房补贴。对缴纳社保费、年收入低于 7.2 万元、为承租公租房和未享受住房补贴且在外租房企业员工给予 500 元/月租房补贴；地方政府统一协调一批宾馆以优惠价格出租给企业解决返工人员过渡性住宿并给予相应补贴。

五是引导解决双职工家庭“看护难”。因疫情防控推迟开学，双职工家庭中有就读小学及幼儿园子女，家中确无人照顾的，鼓励企业安排一名家长带薪居家看护。对非公企业，政府按每人 500 元予以补助。期间，企业不得解除劳动合同，劳动合同到期的顺延至政府隔离措施结束。

5. 降低企业融资成本

一是落实财政贴息政策。在人民银行专项再贷款支持金融机构提供优惠利率信贷的基础上，按疫情防控重点保障企业实际贷款利率的50%进行贴息，贴息期限不超过1年。

二是加强信贷纾困，提高融资金融机构奖励。金融机构不得盲目抽贷、断贷、压贷，对还款困难企业予以展期、续贷、减免逾期利息等帮扶符合条件的金融机构给予贴息性奖励。对企业发行债务融资工具提供主承销服务的金融机构按年度累计发行额给予奖励，承销民营企业债务融资工具按2倍标准奖励；创设信用风险缓释工具且不需要政策性担保机构提供反担保的金融机构给予每个项目10万—30万元奖励；对使用央行支小再贷款发放小微民营企业贷款符合条件的金融机构，按不超过再贷款使用金额的0.5%给予贴息性奖励。

三是发挥政策性担保机构作用。督促政策性融资担保机构做好涉及防疫物资生产、销售、运输企业的融资担保服务，免收担保费。加大对疫情防控重点保障企业和受疫情影响严重的企业提供增信服务，取消反担保要求，并降低担保和再担保费率。省再担保公司对市县政策性融资担保机构免收3个月再担保费，省财政对减收费用给予专项补助。

相关政策延伸阅读索引

1.《浙江省财政厅　浙江省卫生健康委员会转发财政部 国家卫生健康委关于新型冠状病毒感染肺炎疫情防控有关经费政策的通知》（浙财社〔2020〕7号），2020年1月15日。

2.《浙江省财政厅关于做好新型冠状病毒感染的肺炎疫情防控期间政府采购管理工作的通知》(浙财采监〔2020〕1号)，2020年1月27日。

3.《国家税务总局浙江省税务局关于防范新型冠状病毒提倡网上办税缴费的服务提示》，2020年1月29日。

4.《浙江省财政厅转发财政部关于进一步做好新型冠状病毒感染肺炎疫情防控经费保障工作的通知》(浙财社〔2020〕10号)，2020年2月1日。

5.《关于印发〈进一步激励关爱基层党员干部和医务工作者在疫情防控一线担当作为的八项举措〉的通知》(浙组通〔2020〕3号)，2020年2月3日。

6.《浙江省新型冠状病毒感染的肺炎疫情防控领导小组关于支持小微企业渡过难关的意见》，2020年2月5日。

7.《浙江省财政厅关于实施农产品稳产保供贷款政策性担保扶持政策的通知》(浙财农〔2020〕4号)，2020年2月5日。

8.《浙江省财政厅关于做好新型冠状病毒感染肺炎疫情防控期间公款竞争性存放管理的通知》(浙财函〔2020〕24号)，2020年2月6日。

9.《浙江省财政厅　浙江省教育厅转发财政部办公厅　教育部办公厅关于切实做好学校疫情防控经费保障工作的通知》(浙财科教〔2020〕1号)，2020年2月9日。

10.《中共杭州市委　杭州市人民政府关于严格做好疫情防控帮助企业复工复产的若干政策》，2020年2月9日。

11.《浙江省农业农村厅　浙江省财政厅关于对全省家禽和生鲜牛奶重点收购加工企业实施临时补助政策的通知》(浙农计发〔2020〕5号)，2020年2月10日。

12.《浙江省人力资源和社会保障厅 浙江省财政厅关于在疫情防控期间支持企业开展线上职业技能培训工作的通知》（浙人社发〔2020〕9号），2020年2月11日。

13.《浙江省财政厅关于进一步做好新冠肺炎疫情防控期间政府采购管理工作的通知》（浙财采监〔2020〕2号），2020年2月12日。

14.《关于做好疫情防控降低企业住房公积金缴存比例等有关事项的通知》（杭房公委〔2020〕1号），2020年2月12日。

15.《浙江省财政厅关于坚决打赢疫情防控阻击战强化财政金融支持稳企业稳经济稳发展的通知》（浙财金〔2020〕3号），2020年2月14日。

16.《浙江省财政厅关于新冠肺炎疫情防控期间减免企业房租措施有关事项的通知》（浙财函〔2020〕27号），2020年2月14日。

17.《浙江省交通运输厅 浙江省发展和改革委员会 浙江省财政厅关于切实做好新冠肺炎防控期间免收收费公路车辆通行费工作的通知》（浙交〔2020〕8号），2020年2月16日。

18.《浙江省人力资源和社会保障厅 浙江省财政厅关于做好2020年失业保险稳岗返还政策执行有关问题的通知》（浙人社发〔2020〕10号），2020年2月17日。

19.《浙江省财政厅关于坚决打赢疫情防控阻击战进一步做好政府采购资金支持企业发展工作的通知》（浙财采监〔2020〕3号），2020年2月25日。

20.《关于阶段性减免企业社会保险费有关问题的通知》（浙人社发〔2020〕13号），2020年2月28日。

21.《浙江省财政厅关于新冠肺炎疫情防控期间开展政府采

购活动补充事项的通知》（浙财采监〔2020〕4 号），2020 年 3 月 3 日。

22.《浙江省新型冠状病毒肺炎疫情防控工作领导小组关于进一步支持小微企业渡过难关的意见》，2020 年 3 月 6 日。

23.《浙江省新型冠状病毒肺炎疫情防控工作领导小组关于印发大力实施减税减费减租减息减支共克时艰行动方案的通知》，2020 年 3 月 11 日。

24.《浙江省财政厅　国家税务总局浙江省税务局关于落实应对疫情影响房产税、城镇土地使用税减免政策的通知》，2020 年 3 月 13 日。

后 记

习近平总书记指出：“疫情防控不只是医药卫生问题，而是全方位的工作，是总体战，各项工作都要为打赢疫情防控阻击战提供支持。”疫情防控，人人有责。疫情发生后，我们迅即组织力量跟踪、汇集、研究疫情防控与复工复产的财税政策，为相关部门、机构、企业提供详细、全面、清晰的政策指引，为疫情防控贡献智库力量。

本书由中国财政科学研究院研究生院副院长马洪范研究员拟定编写思路、体例、框架和内容，组织研究力量对党中央、国务院的重大决策部署，财政部、国家税务总局等中央部门的财税政策以及部分省市的财税政策进行整理、汇编和解读。各篇章作者如下：

上篇：马洪范；中篇：马洪范、杨晓雯；下篇：北京市为童鑫，上海市为胡文哲，广东省为王文琪，深圳市为邝佳蕊，江苏省为张文庭，浙江省为张志强。全书由马洪范负责统稿、审定。

本书的撰写和出版，得到中国财政经济出版社的大力支持，在此表示衷心感谢！

由于时间有限，虽然我们竭尽全力，但不当或疏漏之处在所难免，敬请读者和专家批评指正。

编写组

2020 年 3 月 24 日